Unseren Kindern gewidmet

Linda, Artur & Sontje

Maximilian, Josefin & Noel

Bibliografische Information der Deutschen Nationalbibliothek: Die Deutsche Nationalbibliothek verzeichnet diese Publikation in der Deutschen National-bibliografie; detaillierte bibliografische Daten sind über dnb.d-nb.de abrufbar.

Impressum

Texte:	© Copyright by Carsten Kiehne
Konzeption:	© Copyright by Manuela Petri & Carsten Kiehne
Fotos:	© Copyright by Manuela Petri & Carsten Kiehne
Illustrationen:	© Copyright by Manuela Petri
Veröffentlichung:	Dezember 2019, 1. Aufl.
ISBN	978-3-749485710
Herst. & Verlag:	BoD – Books on Demand, Norderstedt
Satz & Layout:	Sagenhafter Harz & Glückswege
Verlag:	Selbstverlag SAGENHAFTER HARZ
	Grünstr. 20, 06485 Bad Suderode
	www.sagenhafter-harz.com & www.reiki-im-harz.de
	carsten.kiehne@gmx.net

Inhaltsverzeichnis

3

Vorwort

Carsten: *Du bist Glückstrainerin! Wie bist du dazu gekommen?*

Manuela: *Durch loslassen und vertrauen. Vorher war ich jahrelang auf der Suche nach meiner Berufung, nach etwas, das wirklich zu mir & meinen Fähigkeiten passt. Vorher habe ich gearbeitet, oft ohne innezuhalten, bis zum Burnout! Meinen Kindern verdanke ich, dass ich angefangen habe, den Blickwinkel zu ändern, mir andere Prioritäten zu setzen. Sie waren meine Augen- & Herzöffner, jedes für sich, auf seine eigene, ganz besondere Weise – sie sind auf ihre natürliche Art weise!*

Carsten: *Unsere Kinder als „Augen- & Herzöffner", damit sprichst du mir aus der Seele! Ich glaube auch, dass wir irgendwann innehalten & uns umzuschauen sollten: Wie läufts gerade in meinem Leben, was ernte ich? Soll's so sein oder strebe ich anderes an?*

Manuela: *Ich suchte auch lange, doch gab ich irgendwann die Suche auf & wusste: Ich bekomme meine Antwort. Es war wirklich verrückt, denn bald darauf las ich „zufällig" einen Beitrag, dass an Schulen Glücksunterricht angeboten wird ..., von ausgebildeten Glückstrainern! Unterricht, der den Kindern neben dem gewöhnlichen Lernstoff, Wesentliches lehrt, z. Bsp. sich frei zu entfalten.*

Manuela Petri

Glückstrainerin, Reiki-Meisterin, Tischlerin, Mediengestalterin, Co-Autorin

Glücksunterricht an Schulen, Workshops

Carsten Kiehne

Autor, Initiator von Sagenhafter Harz

Dipl. Sozialpädagoge, Psychotherapeut HP, Lehrer für Mentale Fitness, Reiki-Meister & Meditationslehrer, Sagenerzähler

4

Carsten: *Was ist Glückstraining? Ist Glück trainierbar?*

Manuela: *Klar, ist es das. Als ob du das als Sagen- & Märchenerzähler nicht wüsstest. Du erzählst doch auch berührende Geschichten. Als Meditationslehrer, leitest du die Menschen an, achtsamer zu werden. Wir trainieren täglich Vieles, manche ihren Körper, weil sie fit sein wollen. Viele machen sich durch ihre eigenen, unbewussten Gedanken unglücklich. Beim Glückstraining trainiere ich täglich, mental fitter zu werden, durch Übungen, die nach & nach Einstellungsänderungen in Gang bringen.*

Carsten: *Ich kann mir also täglich Zeit nehmen, aktiv am Glück zu arbeiten! Wie mach ich das, was ist deine Lieblingsübung?*

Manuela: *Ist das eine Fangfrage? (lacht) Manchmal bemerke ich beim Nachsinnen über den Tag: Oh, heute habe ich's versäumt, aktiver Gestalter meines Lebens zu sein! Lieblingsübungen habe ich nicht. Mir geht's eher darum, achtsamer zu werden, wertungsfrei wahrzunehmen, z.Bsp. Sprache zu beobachten. Damit, Glücksmomente wahrzunehmen, somit im Alltag zufriedener zu sein & zu lernen, mit „blöden" Situationen umzugehen, beginnt alles.*

Carsten: *Warum jetzt ein Glücksbuch?*

Manuela: *Weil du das so wolltest! (lacht) Das ist jetzt die professionelle Antwort, ne? (lacht)/ Carsten: Ne, aber das bist ganz natürlich Du, so wie ich dich liebe. Es ist doch unsere natürliche Verrücktheit, die wir täglich trainieren wollen, nicht wahr?*

Manuela: *Genau! (grinst) In diesem Buch ist alles so wunderbar zusammengefasst; so ist's leicht, geballtes Wissen aus zig Büchern und Fortbildungen weiterzugeben. Durch die Verbindung zu deinen Sagen hebt sich unser Buch von anderen ab und wird zu einer Bereicherung. Es spricht all Jene an, die Selbsterfahrungskurse ablehnen. Gute oder tragische Geschichten aber liest jeder gern!*

Carsten: *Das ist das, was ich an Sagen & Märchen so liebe ... - sie haben scheinbar nichts mit mir zu tun, schleichen sich ganz behutsam an, verwurzeln sich heimlich in meinem Herzen & berühren mich manchmal zutiefst – ganz großes Kino für Heilarbeit!*

Manuela: Ich liebe es dir beim Erzählen zuzugucken, wie die Menschen mit offenen Mündern und großen Kulleraugen an deinen Lippen hängen, wie sie mit den Märchenhelden weinen und sich die Bäuche halten vor Lachen. Die Geschichten & Übungen unseres Buches helfen dort, wo die Selbsterkenntnis einen bitteren Beigeschmack hat. Man bekommt Mut, sich trotz allem immer weiter auszuprobieren, sich in ungewohnte Gefilde vorzuwagen. – Ja, du merkst, ich liebe es, wenn Beruf zur Berufung wird. Dann geh' ich nicht mehr arbeiten, sondern mache nur, was mir Freude bereitet!

Carsten: Ich weiß, was du meinst. Mir geht's genauso: Die wahre Kunst ist doch, im Alltäglichen das Wunderbare zu sehen! Abschließend: Was wünschst du deinen Lieblingsmenschen & den Lesern des Buches? - Manuela: Glücklich zu SEIN ... & Punkt.

Zum Gebrauch dieses Buches

W ie soll man ein Buch schon gebrauchen?", wird sich manch eine Leserin, manch ein Leser vielleicht fragen! „Einfach aufschlagen und los geht's, oder?"

Natürlich kann ich es von vorne bis hinten durchlesen, wenn ich Lust und Zeit habe! Ich könnte es aber auch je nach Gefühl aufschlagen und mich davon überraschen lassen, was das Buch in mir bewirkt, verändert bzw. welche Gefühle und Gedanken es in mir anregt! Persönlich liebe ich es sehr, ein Buch mit einer Frage aufzuklappen und darauf zu vertrauen, dass die jeweilige Geschichte oder die entsprechende Übung, eben jene Antworten für mich bereithält. Diesbezüglich wurde ich noch nie enttäuscht. Demnach kann es ein Ratgeber sein oder es schenkt mir womöglich ein Tagesmotto, nachdem ich mich achtsamer als zuvor bewegen kann!

Dieses Buch freut sich über Einträge (✐), kleine Gemälde & Eselsohren ... es will ausgemalt, ausgefüllt & benutzt – durchaus auch als Handtaschen-Füller, Wegweiser, Untersteller, als Deko-Accessoire – weitergegeben oder empfohlen werden.

Doch Vorsicht ist geboten: Dieses Büchlein hat Nebenwirkungen! Leser einzelner Geschichten, die anschließend auch noch mutig mit den Selbsterfahrungsübungen (Ü) experimentierten, berichteten von plötzlich aufwallenden Aha-Effekten, tiefen Einsichten, Tränen und sogar Lachanfällen. Schockierenderweise scheint es fast so, ... als hätten die Autoren des Werkes es absichtlich darauf angelegt, dass die arme, unvorbereitete Leserschaft aus dem Nichts heraus mit sich selbst konfrontiert wird.

Empfehlung: All jene die meinen, ein anderer wäre schuld am eigenen Unglück, sollten dieses Buch JETZT wieder fortlegen, um nicht nachdenken oder, schlimmer noch, nachfühlen zu müssen! Dieses Büchlein schafft Selbsterkenntnisse und ist damit eine Anleitung zum chronischen Glücklichsein!

Einleitung

Lieber Leser, auf einer Skala von 1-10,
wie glücklich schätzen Sie sich ein – Hier & Jetzt?

Wenn ich durch die Straßen einer x-beliebigen Stadt Deutschlands laufe und in die Gesichter der Menschen sehe, bekomme ich den Eindruck, es geht kollektiv zur Weltuntergangsparty. Mimik & Gestik sprechen Bände. Müsste ich alle Gesichter zusammenfassen, groß & klein, alt & jung, Männlein & Weiblein, ich käme auf eine hochgeschätzte 5! Im World-Happiness-Report schafft es Deutschland gerade mal auf Platz 17 der glücklichsten Länder dieser Erde. Hier lese ich, dass sich der Durchschnittsdeutsche selbst bei knapp „7" eingruppiert – das überrascht mich, denn viele Menschen, die mir begegnen, scheinen wenig zufrieden zu sein. Keine Frage, es ist nicht alles Gold, was glänzt & Luft nach oben ist in diversen Bereichen allemal … aber im Grunde, geht's uns gut, oder nicht? Deutschland ist ein wunderschönes Land, verglichen mit anderen Staaten überaus wohlhabend und fair, zumindest was unser Grundgesetz, die Rechtsprechung sowie die soziale Absicherung anbelangt. Hungern braucht niemand & jeder hat ein Dach überm Kopf!

Aus unseren Geschichtsbüchern erfahren wir, dass es unseren Landsleuten noch niemals so gut ging wie heute! Niemals gab es größeren Wohlstand, mehr Gerechtigkeit, bessere Absicherung … & doch scheinen unsere Vorfahren nicht weniger glücklich gewesen zu sein! Ganz im Gegenteil! Was also sind die Bedingungen, die uns näher ans Glück bringen? Fast jeder Deutsche sagt nach wie vor, am wichtigsten wären, eine intakte Familie, Gemeinschaftserlebnisse, Gesundheit & eine einigermaßen materielle Unabhängigkeit! Ebenfalls sind wir uns darin einig, dass es eine positive Grundeinstellung bedarf, Ziele, das Bestreben dranzubleiben & gute Taten!

„Glück ist kein Geschenk der Götter, sondern die Frucht innerer Einstellung.", meint Erich Fromm. Nur 5% der Deutschen glauben, dass man sein Glück nicht beeinflussen kann. „Glücklich sein" & „Glück haben" sind also zwei Paar Schuhe. Wenn wir so denken, müssten wir dann nicht täglich daran arbeiten, unser Glück zu vervoll-kommnen? Doch, wie genau macht man das? Hatten unsere Ahnen ein Erfolgsrezept, das vielleicht in alten Erzählungen verborgen liegt?

Die nachfolgenden Kapitel enthalten Themenkomplexe, die, wenn wir uns ihnen zuwenden, ihnen das Herz öffnen, ganz aktiv dazu beitra-gen, wieder Verantwortung für das Leben zu übernehmen, das Glück im Alltag wahrzunehmen & zu mehren. Dabei ist nicht wichtig, die Ka-pitel nacheinander abzuarbeiten. Sie beginnen mit dem, was sie am meisten anspricht. Jeder vorgeschlagene Weg, jede Übung, führt am Ende zum selben Ziel. Welches das ist, lieber Leser, entscheiden Sie zum Glück allein! Nur eine Frage bleibt, bevor das Abenteuer ihres „Sagenhaften Glücks" beginnt: Was hat der Teufel der Sagenwelt mit allem zu tun? Er ist ein „verteufeltes" Abbild der alten Götter, Sinnbild all unserer verdrängten Anteile, unserer Schatten aber auch unserer Kraft. Das gleiche gilt für den Kessel, in dem die Beiden fröhlich plaudernd sitzen, den Müßiggang genießend. Der überlaufende Kessel – prägnant in vielen germanischen & keltischen Mythen – symbolisiert die Fülle mit der ich gesegnet bin. Nicht zuletzt: Alle sagenumwobenen „Teufelsorte" sind die Kraft- & Kultplätze unserer Ahnen – viel Freude dabei, diese zu erspüren – Glück auf!

Leitfaden zum Unglücklichsein
- damit gelingt's auch dir!!!

Um den Lesefluss zu optimieren & sich besser hineinfühlen zu können, ist der gesamte Text in der Ich-Perspektive formuliert!

Möchte ich gerne unglücklich sein, muss ich mich möglichst exakt an folgende Punkte halten! „Häh, wie jetzt?", wird sich manch ein Leser nun verwundert fragen. „Was soll das denn? Ich möchte doch glücklich sein!" - „Wenn ich ans Ziel kommen möchte, sollte ich auch den richtigen Weg wählen!", würde Paul Watzlawick jetzt sagen, ein begnadeter Kommunikationswissenschaftler und Psychotherapeut. Er war der Ansicht, dass wir Vieles von unserem gefühlten Leid selbst konstruieren. Wir machen uns das Leben schwerer, als es sein müsste, nämlich durch wenig konstruktive Denkmuster und Verhaltensweisen oder, Sich-selbst-erfüllende-Prophezeiungen. Manchmal glaube ich, keinen Einfluss auf mein Schicksal nehmen zu können und Opfer der Umstände zu sein. Die nachfolgenden 10 Regeln, angeregt von Watzlawicks Buch „Anleitung zum Unglücklichsein" helfen auf humorvolle Weise, mir die Augen zu öffnen:

1. Ich mache mir möglichst oft Sorgen über die Zukunft:
Was ist, wenn ich meinen Job verliere? Wird mich mein Partner dann verlassen? Kann ich mir meine Wohnung dann noch leisten? Oh, Gott, von meinen Freunden wird mich niemand mehr achten! Ich male mir auf jeden Fall jeden Fall der Fälle in den dunkelsten Farben aus – sicher kommt es so oder noch viel schlimmer. Am besten ist's, ich leide heute schon die Ängste, falls morgen eintritt, was ich befürchte!

*I*n Halberstadt wohnte ein reicher Bauer, der seinen Besitz auf Kosten Anderer gemehrt hatte. Nun aber litt er große Angst, alles könnte wieder verloren gehen. Um sein Haus vor Überschwemmungen zu bewahren, hatte er einen Walknochen von Händlern erworben. Vor Feuerbrünsten schützte ihn ein Feuerstein; vor Hexen das Pentagramm im Balken; vor der wilden Jagd drei Kreuze am Tor; vor Flüchen, ein Sechseck aus Holz vor der Schwelle vergraben; vor bösen Blicken Gebete; vor Blitzen ein Beifußzweig, angebracht am höchsten Punkt des Hauses. Den ganzen Tag saß der Reiche am Fenster, den Blick fest auf den Zweig gerichtet, dass der nur nicht vom Wind ... oder einer schwarzen Katze vom Dach gefegt würde ...! Weil er aber nur noch im Haus festklebte, trat eben ein, wovor er sich fürchtete: Er verarmte, wurde krank & starb. Er hatte vergessen, sich vor seiner Angst zu schützen!

2. Ich ärgere mich über Vergangenes, konzentriere mich auf Negatives & jammere: „Die Welt ist schlecht, die Menschen sind gemein, die Politiker unfähig, der Klimawandel schlimm und ich ... ich bin ein Versager!", sage ich mir täglich morgens und abends – es ist mein stetes Mantra. Auch erzähle ich Jedem, der mir begegnet, von meiner Pein und dem Leid dieser Welt. Die Wirkung ist verblüffend, denn ich spüre sofort, wie wunderbar kraftlos wir beide bei der Verabschiedung sind!

*N*icht nur einen, sondern gleich drei Wünsche hatte sich ein armer Bauer aus Suderode erschlichen, weil er der Elfe am Opferstein die Ohren vollgeheult hatte und ihr damit tüchtig auf die Nerven ging. Nach drei Tagen Streit ohne Essen und Schlaf, vergab sein hungriges Weib den 1. Wunsch für eine Wurst. Aus Ärger wünschte er ihr die Wurst an die Nase, was ihren Zinken nicht verschönerte und auch den 3. Wunsch verschlang, nämlich, um den 2. rückgängig zu machen!

3. Ich fühle mich als Opfer der Umstände – dabei denke ich immer daran: Es ist überaus hilfreich, sich im Leid zu suhlen, sich als Opfer zu fühlen. Die Welt meint es schlecht mit mir! Ich kann nichts dafür. Um nicht doch plötzlich Sonne zu atmen, sollte ich auf gar keinen Fall etwas tun, das mir Freude bereitet. Von Sonne bekommt man Krebs und wenn man durchnässt im Regen steht, wird man krank!

*T*ill Eulenspiegel wurde gefragt, weshalb er lachen würde, wenn es doch aus Kübeln schüttet. „Naja, wenn ich traurig bin, regnet es ja trotzdem!", sagte er!

4. Ich halte alles für selbstverständlich: Über das Grundgesetz, meine Absicherung im Alter und Krankheitsfall, über meine Gesundheit, die stete Verfügbarkeit an Konsum- & Luxusgüter, den vollen Kühlschrank, Heizung & Licht muss man nicht so ein Gewese machen. Für solche Grundrechte dankbar zu sein, ist übertrieben!

*D*ie beiden Köhler sahen den Zwerg, grüßten artig und bekamen dafür jeder eine handvoll gelbe Erde gereicht. Der eine verwahrte sie gut, der andere aber schmiss sie mit den Worten „Solchen Sand hab' ich selbst hinterm Haus!" achtlos zu Boden. Zuhause angekommen war die Erde beim Ersten zu feinstem Goldstaub geworden!

5. Ich bleibe dabei passiv, warte auf den richtigen Moment:
Ich denke möglichst nicht über Ziele oder Lösungen nach, mache rein gar nichts anders und harre geduldig im Moor auf Gott als Retter aus!
Auf gar keinen Fall, helfe ich mir selbst!

L ieber Gott rette mich aus dem Sumpf, ich will nicht im Brockenmoor sterben", bat ich & hörte „Kann ich Ihnen helfen?". „Nein", gab ich dem Wanderer zur Antwort, „Gott wird mir helfen!" – Doch der Schlamm stieg bis zum Hals und höher, bis ich im Himmel erwachte. Oh, ich fuhr Gott wütend an: „Warum hast du nicht geholfen?" – „Habe ich nicht?", lachte dieser, „Schickte ich nicht einen Wanderer?"

6. Ich bin ruhelos, Arbeit & Belanglosigkeiten betreffend: Dauerstress zeigt anderen, wie wichtig ich bin. Burnout als Statussymbol. Ich muss nur vermeiden innezuhalten, mir Zeit für mich zu gönnen. Das Glück wird schon kommen, wenn erst das Studium beendet, das Haus abbezahlt, die Scheidung vorüber ist. Ich vermeide vor allem achtsames Einspüren und Nachsinnen! *„Was ich heute kann entkorken, das verschieb' ich nicht auf morgen!"*

W ie weit bis in die nächste Stadt?", fragte ein Kutscher den Till Eulenspiegel. „Nun, 2 Stunden, wenn ihr so weiter rast … 1/2 Stunde, wenn ihr achtsam fahrt." – „Narr", schrie der Kutscher & spornte seine Pferde zum Galopp. In der nächsten Kurve sah Eulenspiegel die Kutsche im Graben liegen. Auf der Holpersteinstraße war ein Rad gebrochen. „Sag ich doch", sprach der Narr, „Solche Reparatur dauert sicher 2 Stunden!" Dabei lächelte er und schlenderte seines Weges."

7. Ich bin unfreundlich & helfe Niemandem: Mir hilft ja auch keiner! Darum übe ich meine schlimmsten Visagen vorm Spiegel, murre die Leute an, wenn sie lächeln, google Schimpfwörter, begehe jeden Tag mindestens eine schlechte Tat, freilich zum eigenen Wohle, ganz egoistisch …, nein, besser noch, bin ich mir selbst der größte Feind und finde mich … gerade heute ordentlich zum Kotzen!

G ott zum Gruße", hörte ein Bauer als er eine Brücke in Ellrich passierte. Da war niemand! „Glück auf!", erwiderte der Mann und hörte erneut „Gott zum Gruße!" – „Glück auf!", sagte er noch einmal & suchte aber fand die Quelle der Worte nicht. Als es ein drittes Mal grüßte & er freundlich antworte, zeigte sich ein graues Männlein das sprach: Du hast mich erlöst, ewiger Dank sei dir zuteil ... und Dank & Glück sind Geschwister!

8. Auf keinen Fall gehe ich echte Beziehungen ein: Ich brauche niemanden. Freunde kosten nur Zeit. Für Liebe, kann man sich nichts kaufen, fordert Kompromisse, verlangt Veränderung, konfrontiert mich mit Ängsten, wofür das alles? Berührungen werden überschätzt! Zeit ist Geld & für Geld kann man sich kaufen, was man will: z.B. Menschen, die mich glücklich machen. Wenn ich erfolgreich bin, kann ich ohnehin haben, wen ich will ..., auch den perfekten Partner!

V ergiss das Beste nicht!", mahnte die Prinzessin Ilse im Ilsestein und wahrlich, sie hatte viele Schätze im unterirdischen Schlosse liegen, wertvolle Dinge. Das Beste aber fand von Vielen, die sie zu Gesicht bekamen, nur Einer!"

9. Ich definiere mich ausschließlich über Andere: ... apropos „PERFEKT", ich vergleiche mich mit dir: Ganz gleich, was ich im Leben bisher gemeistert habe oder, was mich einzigartig macht: Wer kann was besser, verdient oder besitzt mehr, ist schöner? Ich muss besser werden, perfekt sogar. Ich mache keine Fehler!!! Aber was ist GUT & SCHÖN & RICHTIG? Das wissen die Anderen & zwar wissen sie es besser. Somit richte ich mich völlig nach ihren Erwartungen aus und schaue, ob ich ihnen auch gefalle! Erst wenn ich alles richtig mache, eben perfekt bin und die Gängigen Statussymbole habe, bekomme ich Anerkennung & Bestätigung.

*E*inst kam ein Mann aus Nordhausen zum Kohnstein und klagte sein Leid: „Ach, die Stadt hat mich arm gemacht, bin bis über die Ohren verschuldet und kann mich doch nicht zeigen!" Da tat sich plötzlich die Erde auf, der Teufel winkte den Mann heran und führte den Armen in einen Saal ganz aus Gold. In der Mitte lag auf einem Altar ein Wälzer: „Trag dich hier ein und ich erfüll dir alle Wünsche!", grinste der Höllenfürst. Wie der Mann das Buch aufschlug, sah er die Wucherer darin, denen er Geld schuldete. Alle hatten ihre Seelen für Wohlstand, für Schönheit oder anderes dem Teufel verschrieben. Da lachte er, ging grußlos zurück nach Nordhausen & sprach bei seinen Geldverleihern vor. Jeder versprach, die Schulden zu erlassen, würde er nur nicht verraten, dass sie sich mit dem Beelzebub eingelassen hatten.

10. Ich bin & bleibe ein Pessimist: Erwarte ich immer das Schlimmste, werde ich niemals enttäuscht und meistens kommt es so, wie Ich's erwartet habe. Ich wusste, dass ich die Aufgabe nicht meistern konnte. Ich versage schließlich immer! Ich wusste, ich werde krank, bin ja immerhin gestern angeniest worden! Ich erwarte, dass nichts klappt, mir nichts gelingt, nichts niemals gut sein wird.

*W*ie sind sie denn so schnellwieder gesunde geworden?", fragte der Chefarzt den Patienten, der in der Paracelsus-Klinik in Bad Suderode kurte. „Ganz sicher durch die zwei Tabletten, die ich täglich nehme!", antwortete er lächelnd. „Aber ich habe ihnen doch gar nichts verschrieben!", echauffierte sich der Mediziner, „Was bitte sind das für Tabletten?" – „Ach wissen sie Herr Doktor, ich habe sie mir selbst verschrieben!", sagte der Mann von Ohr zu Ohr grinsend, „Morgens nehme ich die Tablette der Zuversicht, abends die der Dankbarkeit!"

GLÜCK IST kein Geschenk der Götter, sondern DIE FRUCHT INNERER EINSTELLUNG.

Erich Fromm

Von der Kunst aufzubrechen

Wo das Glück versteckt liegt

Warr es falsch von uns das Glück dermaßen gut vor den Menschen zu verstecken?", fragte ein Engel den anderen. „Aber der Herr hat es uns aufgetragen!", antwortete das andere Lichtwesen.

Dann ergänzte es: „Sagte er nicht, er hätte die Menschen nach seinem Abbild geschaffen: Mit freiem Willen, der absoluten Schöpferkraft. Die aber würden die Menschen erst erlangen, wenn sie das Glück im Sein gefunden hätten, dessen sollten sie sich zuerst würdig erweisen!" - „Stimmt, so war's!", lachte der erste. „Ich kann mich noch erinnern, wie ich das Glück am Grund der Meere verstecken wollte, oder auf der Rückseite des Mondes. Du hast immer gesagt, das wäre zu leicht." – „Siehst du ja! Die Menschen nutzen ihren freien Willen, ihren Antrieb, um immer tiefer in die Meere und die Berge von Mutter Erde einzudringen … und wollen auch immer höher hinaus, … bauen Wolkenkratzer, Luftschiffe und durchreisen gar den Kosmos, auf der Suche nach ihrem Grundrecht, dem Glück!"

„Sie haben alles erkundet, nur vor Einem schrecken sie zurück: Sich selbst zu erforschen, zu durchreisen. Gut also, dass du das Glück in ihren Herzen versteckt hast!", doch wie er das sagte, wurde er plötzlich ernst und fragte seinen Gefährten: „Weißt du was? Wenn ich mir ansehe, was die Menschen mit der Erde tun, um ihr Glück zu finden, denke ich, du hast es viel zu gut versteckt!"

Das sah nun auch der zweite Engel ein und ward darum ganz traurig. Ein Tränlein brach aus seinen Augen für den gerodeten Wald, eines für den Müll auf den Wegen, für die eingezäunten Flüsse und für all die ausgeplünderten Erzgänge im Harz. Nach vielen Tränen mehr und einem schweren Atemzug, fiel ihm etwas ein, dass ihn hoffnungsvoll lächeln ließ: „Unser Herr vertraut nach wie vor darauf, dass die Menschen ihr Glück finden. Einmal aber, als er echt genervt auf seine nicht ganz vollkommene Schöpfung blickte, bemerkte er spöttisch: >Betrachte ich's bei Tageslicht, ist noch nicht alles von Bravour, doch jedes Menschen Angesicht ist ein Gedanke der Natur. Es folgt daraus das Eine nur, wenn man den Worten Glauben schenkt, dass auch die ewige Natur, mehr Dummes als Gescheites denkt!<" *(zwei Engeln & Oskar Blumenthal abgelauscht und aufgeschrieben von Carsten Kiehne)*

Die Sage der Rosstrappe

Einst hatte ein König hoch im Norden eine wunderschöne Tochter, Brunhilde geheißen, die liebte den Rittersmann der Winzenburg aus dem Harz hoch über dem jetzigen Städtchen Thale. Der Ritter liebte die schöne Prinzessin nicht minder, worauf beide entschieden, Hochzeit zu halten. Gerade aber, als der Verlobte heimgeritten war, das hohe Fest auszurichten, kam der allgewaltige König Bodo daher und warb um die schöne Prinzessin. Brunhildes Vater mochte dem Mächtigen ihre Hand nicht versagen, so dass bereits der folgende Tag zur Vermählung angesetzt wurde. Die Prinzessin wusste, dass es ihr nicht helfen würde, sich zu sträuben. So gab sie vor, gerne das Weib des Königs Bodo werden zu wollen, worauf er ihr ein riesiges, weißes Pferd zur Verlobung schenkte. Dies würde ihre Rettung, eine Chance auf Flucht sein, dachte sie heimlich, raffte in der Nacht alle Kostbarkeiten zusammen und nahm auch die goldene Krone ihres geliebten Vaters. Rasch warf sich Brunhilde auf ihr neues Ross und flog darauf in gewaltigem Jagen davon, immer hoffend, die Wälder des Harzes zu erreichen und dort im Schutz des Geliebten zu sein.

Ihre Flucht jedoch hatte König Bodo bald bemerkt, worauf dieser in wildem Ritt hinter ihr nachjagte. Bald sah sie ihn, den Wütenden auf seinem schwarzen Streitross, der dabei war, sie einzuholen; hörte schon das Schnauben des Pferdes, auch sein furchtbares Fluchen und spornte ihr Riesenpferd zu größerer Eile an. Den Harz hatte sie erreicht, nur noch den Berg hinauf, an Bäumen und Felsen vorbei, doch was war das? Ihr Pferd tänzelte wie wild, zu Tode erschrocken, von dem gewaltigen Abgrund, der sich vor Beiden auftat.

Dort drüben, auf der anderen Seite des Felsens, trotzte die Burg ihres Liebsten allen Gezeiten. Doch wie hinüberkommen? Schaudernd blickte die Prinzessin in die Tiefe, die vor ihr gähnte und den Tod verhieß. Doch auch die Stimme Bodos hinter ihr ließ nichts Gutes ahnen. Da nahm sie allen Mut zusammen, trieb ihr Ross vorwärts, ließ die Zügel schnalzen und in einem allgewaltigen Sprung setzte das starke Tier über das breite, wilde Tal, bis auf diesen Felsen, auf welchen dröhnend sein rechter Vorderhuf einschlug und hier bis heute das ewige Wahrzeichen – den Rosstrapp – hinterließ. Brunhilde war gerettet, nur ihre goldene Krone war während des Sprunges vom Haupt gefallen und vom Abgrund verschlungen worden. Ebenso, wie König Bodo, der es der Prinzessin nachahmen wollte. Sein Ross sprang zu kurz und fiel mitsamt seinem Reiter in die unwirtliche Tiefe. An der tiefsten Stelle der Bode, dem Kreetpfuhl, soll Bodo bis zum heutigen Tage in der Gestalt eines schwarzen Hundes sitzen und die Krone bewachen.
(aufgeschrieben von Kiehne nach Ey in „Sagen und Märchen um und über Thale")

Das schlafende Glück

*E*inst lebten zwei Bauern nicht weit voneinander entfernt in dem Dörfchen Thale. Der eine war unsagbar reich, der andere aber bettelarm. Der arme Mann war zwar genauso fleißig wie der reiche, kam aber dennoch nicht in bessere Gefilde. Da ging er eines Nachts auf die Felder des Reichen, um nachzusehen, ob dort alles mit rechten Dingen zuginge. Wie er auf der Flur ankam, da sah er einen Mann in weißem Gewand Wiezen säen. „Was tust du hier?", fragte er die Gestalt. „Ich säe Weizen!", bekam er zur Antwort. „Wann kommst du, mein Feld zu bestellen?", fragte der Arme erneut. „Niemals!", so die weiße Gestalt. „Und weshalb säst du dann den Samen auf das Feld des Reichen?", wollte der Bauer erregt wissen. „Na, weil ich sein Glück bin", bekam er als Antwort. „Und wo bitte ist mein Glück?", stutzte der Arme. „Das schläft dort drüben, nahe deines Feldes hinter dem dicken Felsen, dem Brautstein!", sagte der Weiße, um kurz darauf, als die Kirchturmuhr im Dorfe gerade drei-mal schlug, wie von Geisterhand zu verschwinden.

Der Arme aber ging zu seinem Felde, schaute hinter dem Brautstein nach, und fürwahr: Dort lag sein Glück, tief und fest schlafend! Ob er es wecken sollte? „Aber ja, es muss sein!", dachte sich der Bauer und rüttelte sein Glück aus dem Schlaf! „Warum gehst du nicht Weizen säen?", fragte er das noch verschlafene und gähnende Glück forsch und frei heraus! „Ich gehe nicht!", antwortete es. „Und warum nicht?", wollte der Bauer wissen und wurde zornig! „Nun, weil ich kein Landmannsglück bin! Such dir ein anderes Handwerk, dann will ich für dich zu schaffen wissen!", sprach es mit einem Lächeln und schloss seine Augen, um in Ruhe weiterdösen zu können.

Die Bode rauschte, die Sterne funkelten vom Himmel und dem Bauer leuchteten plötzlich seine Augen. Ja, er würde die vielen Gäste führen, die seit einigen Jahren in sein Dörfchen kamen, um sich an der frischen Luft und im Salzbade zu erholen. Er würde ihnen die Wälder und die Klippen zeigen und begeistert all die alten Geschichten erzählen, die er von seinem Vater und von seinem Großvater erlauscht hatte. Sogleich ging der Mann nach Hause, verkaufte seinen Acker und war seit jenem Tage von seinem Glück reichlich gesegnet. *(aufgeschrieben von Kiehne in „Sagen & Märchen um und über Thale")*

Sein Glück mit dem Pech machen

*I*ns Selketal zog Ende des 17. Jahrhunderts die Familie eines Schmieds, die sich von den Versprechungen eines aufstrebenden Bergbetriebes anziehen ließ. Die niederländische „Gewerkschaft der Hoch-Fürstlichen Anhaltinischen Bergwerke zu Hartzigerode", zog hunderte von Bergleuten, Poch- und Hüttenknaben ist Selketal zur neuen Silberhütte und versprach reiche Gewinne. Anfangs sah es auch so aus, als würde der Bergbau jedermann zum Glück gereichen, doch die Hauptmuter (also die Inhaber der Abbauerlaubnis) wussten es besser: Den schnellen Aufschwung der 36 Erzzechen verdankte man aber-tausend verkauften Anteilsscheinen, deren Erwerber sich ebenso Beteiligung am großen Glück erhofften. Die Silberausbeute an sich reichte jedoch nicht einmal zur Bezahlung der laufenden Betriebs-kosten. Als der Schwindel langsam aufzufallen drohte, wurden die Kassenbücher gefälscht und die Schulden vorerst mit anderen Anleihen beglichen. Die Folgen des endgültigen Ruins der Gewerk-schaft im Jahre 1702 waren für die Region verheerend. Eine gewaltige Schuldensumme von 334.000 Talern belastete die Region: Hunderte Familien, wie die des Schmiedes, wurden arbeits-los und verarmten.

Wie der Schmied eines Abends das Pech kaum mehr ertragen konnte, verließ er seine Hütte im engen, dunklen Tal, ging einfach seiner Nase nach und traf endlich auf der Höhe des Felsens, der heute der Mägdesprung heißt, auf einen alten Bergmann. „Glück auf!", grüßte er freundlich, obschon ihm das Herz eng und schwer in der Brust lag. „Glück auf!", erwiderte der Bergmann den frommen Gruß des Schmiedes und fragte „Was schleppst du dich so sorgenschwer den Berg hinauf!" –

„Ach, Alter", entgegnete der Schmied, „du weißt doch, wie's um die Menschen im Selketal steht, es ist alles ein großes Pech!" – Da lachte der Alte, sodass sein langer, weißer Bart nur so bebte: „Du weißt also nicht, dein Glück aus dem Pech zu machen?" – „Wie soll das denn angehen, Pech in Glück zu verwandeln?", widersprach der Schmied fast ärgerlich. „Herrje, du weißt es wirklich nicht? Komm näher, Mann, ich will's dir verraten!" und der Bergmann vertraute dem Schmied sein Geheimnis an, sagte dieses und erklärte jenes und schüttelte den Schmiedemeister endlich an den Armen wach.

Tatsächlich hatte der Schmied auf dem Bergrücken zu neuem Mut gefunden. Zuhause versuchte er gleich, was ihm vom Alten geheißen ward: Anstatt vergeblich nach Silber zu schürfen, hatte der Schmied Erzbrocken mit nach Hause genommen und mit der Holzkohle den Hochofen befeuert. Neben dem wenigen (aber vortrefflichen), schmiedbaren Eisen, entstanden tatsächlich weitere, gut verwertbare Produkte: Ganz oben blieb dünnes Öl. „Das kann ich den Bergleuten als Petroleum für ihre Frösche (Berglampen) verkaufen.", dachte der Schmied und bemerkte jetzt die darunterliegende Fettschicht. „Das Fett werde ich den Bergknappen zum Schmieren der Räder ihrer Loren anbieten!", freute er sich. Ganz unten im Hochofen entstand aber Pech (heute nennen wir es Teer). Als Dichtungsmasse, war es für viele Betriebe besonders wertvoll. So lernte der Schmied das Pechsieden für sich zu nutzen und machte am Ende aus dem vielen Pech sein großes Glück.

Als das Geschäft mit dem Pech im Selketal nichts mehr einbringen wollte, verdingten sich die Söhne des Schmiedes in der Mägdesprunger Eisenhütte und führten sie in ihre Blütezeit. Die Enkel verdingten sich mit Erfolg im Drahtzug, die Urenkel als Bader im aufstrebenden Kurort Alexisbad und seine Ururenkel führten Berühmtheiten wie Eichendorff und Heine durch unseren schönen Unterharz. Jeder Nachkomme des Schmiedes wusste für sich, aus dem Pech einer Zeit sein Glück zu machen.

So scheint mir diese Geschichte „das Pech in Glück" zu verwandeln, ein wunderbares Lehrmärchen aus dem Selketal zu sein.
Es erinnert mich daran, dass alles Schöne und Große einmal zu Ende gehen muss, wenn etwas Neues und vielleicht
Wunderbares daraus entstehen soll, wie zum Beispiel
eben der „Selkefall". Dieser Wasserfall entstand um
1830 im Rahmen der Arbeiten zum „Carlsteich", der
die Eisenhütte in Mägdesprung versorgte. Welch
ein Pech, dass die Anlage durch ein Hochwasser
im Jahre 1955 zerstört wurde, welch ein Glück
aber, dass der natürlich wirkende Selkefall
dadurch erst recht zur Geltung kommt –
es ist halt oft eine wunderbare Sache,
sein Glück aus dem Pech zu machen.
(aufgeschrieben von Kiehne in
„Die schönsten Sagen aus Ballenstedt …")

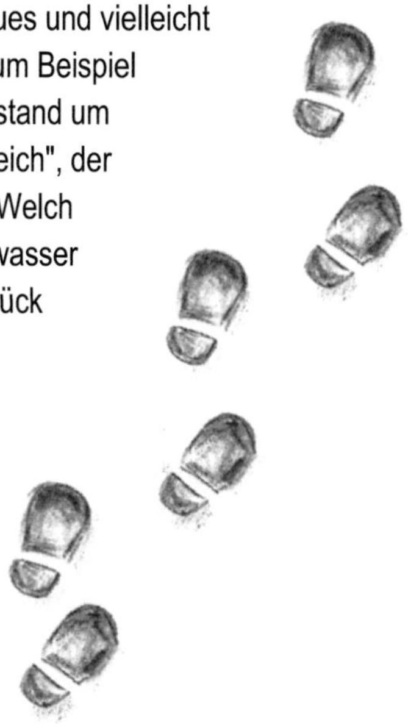

Gedanken zum Aufbruch

Die Sagen vom Aufbrechen handeln stets von Personen, die bewusst erleben:

„Oh, hier ist etwas nicht stimmig! Mein Leben sollte anders verlaufen. Ich wollte doch eigentlich ganz wo anders hin." Brunhilde will die fremdbestimmte Hochzeit nicht und folgt ihrem Herzen! Der Bauer erfährt, dass er kein Landmannsglück hat und überlegt, zu was er eher taugt, welche seiner Stärken er ins Spiel bringen kann, damit er wie in Geschichte drei sein Pech in Glück verwandelt! Es beginnt also alles mit einem Innehalten, in dem ich Zeit habe, stutzig zu werden, nachzusinnen und zu spüren: „Es sollte anders sein, als es derzeit noch ist!". In diesem Stadium muss ich noch nicht wissen, was genau sich verändern soll, damit ich mein Glück finde bzw. es mich findet. Es ist lediglich wichtig, dass ich etwas anderes machen und mal auf die Beine kommen muss, damit sich überhaupt etwas bewegen, bzw. wandeln kann!

Übung: Achtsames Gehen

Eine tolle Übung hierzu ist das „Achtsame Gehen". Am liebsten praktiziere ich das barfuß in der freien Natur. Ich kann aber selbstverständlich auch im Wohnzimmer achtsam gehen.

Dafür setze ich einfach einen vor den anderen Fuß, jedoch viel langsamer als gewöhnlich. Vielleicht vier Schritte bei jeder Ausatmung, vier Schritte bei jeder Einatmung. Dann gehe ich noch langsamer ..., so langsam, wie ich noch nie gegangen bin: Einatmend einen Schritt, ausatmend einen Schritt.

Zum Anfang fühlt sich das seltsam an, geradezu affig. Mein Gleichgewichtssinn schreit auf und mein Verstand brüllt mich an: „Blöde Übung!" Ich lass ihn reden, gehe achtsam weiter (oder stampfe ein, zweimal achtsam wütend auf). Bei solchen Achtsamkeitsübungen ist alles erlaubt: Ein Lachanfall, Weinen, Fluchen, Doof-finden ... womöglich, vielleicht erfahre ich dabei viel über mich, über meine Ansichten, Gedanken und Gefühle!

Vielleicht hilft mir beim achtsamen Gehen die Vorstellung, über einen besonders kostbaren Teppich zu laufen, auf den ich ganz behutsam meine Füße setzen sollte. Mir gefällt die Idee von Thich Nhat Hanh, einem buddhistischen Mönch, der einige phantastische Bücher zum Thema Achtsamkeit geschrieben hat: Ich stelle mir dabei vor, meine Füße würden mit jedem Schritt den Boden küssen. So „liebevoll" zu gehen, bewirkt einen großen Unterschied in mir. Mit jedem Atemzug beschenke ich Mutter Erde und fühle mich gleichsam beim Einatmen von ihr beschenkt!

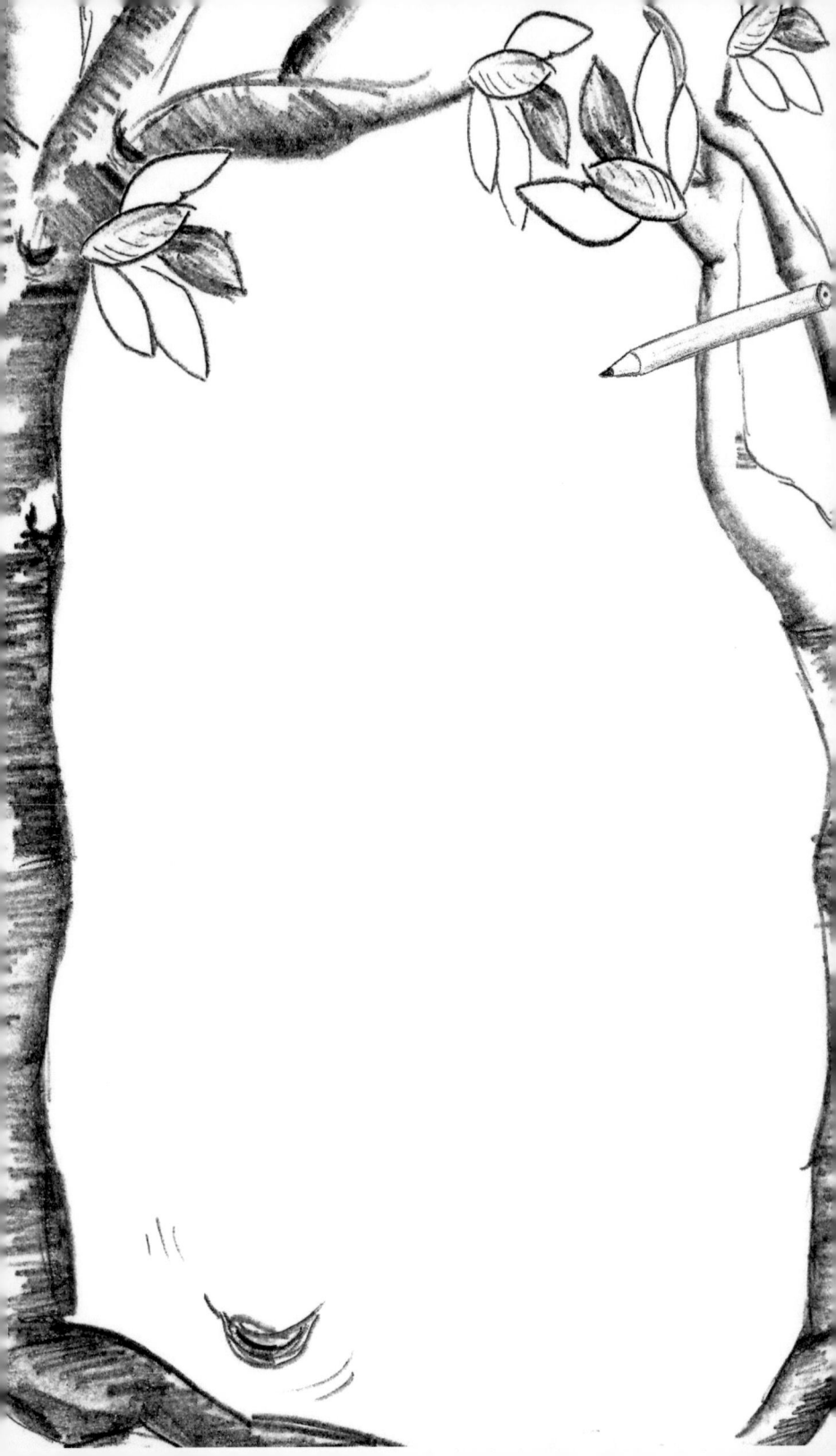

Übung: Schwellenzeit

Sagen & Märchen, die vom Aufbruch erzählen oder davon, nachts allein unterwegs zu sein, schwere Aufgaben oder gar Gefahren bestehen zu müssen, wie die Sage der Rosstrappe sind oftmals uralte *Initiations-Geschichten.* Solche Initiationen bzw. Einweihungs- oder Übergangsrituale gab es seit jeher in abgewandelter Form in jeder Kultur mit immer ähnlichem Muster: Stand ein Mensch vor einem großen, wichtigen Ereignis, einem neuen Lebensabschnitt, wie der Jugendweihe, dem Vater- oder Mutterwerden oder der Aufnahme einer wichtigen Berufung, zog er sich einige Zeit in die Natur zurück! „Ich bin dann mal weg!", beschließt Hape Kerkeling und bestreitet den Jakobsweg. Andere gehen heute einen Monat zum Schweigen ins Kloster oder in den nächstgelegenen Wald zur Solo-Zeit & „Visionssuche". Meditation an Kraftplätzen kann unglaublich erkenntnisreich sein. Übrigens: Die im Buch beschriebenen sagenumwobenen Orte sind allesamt vorchristliche *Kraft-* bzw. *Glücksorte!*

Die Übung *Schwellenzeit* macht deutlich, es geht um einen ganz besonderen Moment, denn in herausfordernden Phasen meines Lebens braucht es besondere Interventionen! Ohne zu wissen wohin, vollkommen ziellos, gehe ich los, setze achtsam einen Fuß vor den anderen. Wohin wollen sie mich tragen? Ich folge ihnen, folge meinem Gefühl, dem Atem, lasse mich treiben. Möchte ich barfuß gehen, um noch mehr mit der Erde in Kontakt zu sein? Ich achte auf aufsteigende innere Bilder, Gefühle oder Gedanken; vertraue darauf, dass ein besonderer Ort mich ruft, dem ich mich hingeben kann. Irgendwann kommt dann eine Schwelle, vielleicht ein Tor, ein heruntergefallener Zweig, über den ich schreite oder zwei Bäume, die ich passiere. Vor dieser Schwelle bleibe ich kurz stehen und mache mir bewusst, weshalb ich hier bin. Dann bitte ich darum, eintreten zu dürfen, wissend, dass alles dahinterliegende, Spiegelbild meiner Seele ist und, dass ich finde, was ich suche!

Die meisten
Menschen sind
so glücklich wie sie
es sich vorgenommen
haben.

:): Abraham Lincoln

Vom Kultivieren der Gedanken

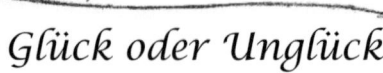

Glück oder Unglück

Es war einmal ein alter Bergmann im kleinen Orte Suderode, er war arm trotz vieler harter Arbeitsjahre und nunmehr gebrechlich von diesem Tun. Er lebte nahe des Hagenbergs in einer winzigen Hütte mit seinem einzigen Sohn. Seine Frau war, wie seine beiden Töchter, während des langen Krieges von ihnen gegangen. Die beiden Männer hatten nur eine Ziege im Verschlag, sie war ihre einzige Habe. Der Bursche allerdings war stark, tüchtig und die Ziege ein gar ansehnliches Tier.

Oft kamen bekannte Suderöder zu ihm und es war in dieser (nach dem Dreißigjährigen Kriege) nahezu menschenlosen Gegend unmöglich, sich nicht zu kennen, und meinten: „Verkaufe doch die Ziege auf dem Markt zu Quedlinburg – dann habt ihr wenigstens zum Essen genug und es wird euch eine Zeit lang gut gehen!" Er aber achtete nicht auf das Gerede und meinte stets, dass Gott entscheiden würde, was gut und was schlecht wäre.

Manches Mal wunderten sich die Leute noch, hielten es aber für wirre Reden eines alten Bergmannes, der zu Arbeitstagen noch zu viel harten Schiefer auf den weichen Kopf bekommen habe oder der zu wenig Frischluft bekommen hätte – ja, da arbeite das Gehirn halt nicht wie bei gescheiten Leuten (womit sie sich selbst meinten).

Eines Tages, bei einem schweren Gewitter, floh das Tier aus dem Verschlag und blieb auch die drei nächsten Tage verschwunden. Wieder kamen die Suderöder und meinten: „Du armer, alter Greis, hättest du die Ziege verkauft, so wäre es dir besser ergangen – so ist es nun dein Pech!" Der Alte entgegnete: „Ob Glück oder Unglück, habe ich nicht zu entscheiden – Gott allein weiß darum und seinem Geschick vertraue ich!" - „Welch' Dummkopf...", flüsterten die Leute, „... selbstverständlich ist es für ihn ein harter Schlag! Was soll denn nun werden?" Tags darauf aber stand die Ziege des Alten wieder im Stall und hatte zehn ansehnliche Stück Muffelwild aus dem Walde aufgetan und mitgebracht! - Die Dörfler kamen wieder und sprachen: „Welch' Freude, welch' ein Glück, Alter – du hattest Recht, nun hast du erst einmal ausgesorgt!" Und wieder sprach der Greis: „Ob Glück oder Unglück, dass uns die Tiere zuliefen, weiß Gott allein!" „Was für ein törichter, einfältiger, alter Mann er doch ist! Natürlich ist es ein wahrer Glücksfall!", sagten die Leute und gingen kopfschüttelnd von dannen.

In der kommenden Nacht stürzte eines der Tiere vom Hagenberg herab und konnte sich nicht allein aus den umherwuchernden Brombeerranken befreien. Der Sohn des Alten machte sich trotz aller Dunkelheit sofort daran, dem hilflosen und schreienden Tier beizustehen. Beim Versuch allerdings stolperte er über einen Ast, blieb mit dem Fuß in einer Wurzel hängen, rutschte mit dem Körper tiefer und verdrehte sich sein Bein. Ein lautes Knacken war zu vernehmen, dass selbst dem Schreien des notleidenden Tieres Einhalt gebot.

So lag der Sohn des Alten mit verkrüppeltem Bein und wildem Schmerz, wie dieser es noch nie erlebte, die halbe Nacht am Hang. Schreien wollte er nicht, wer sollte ihm helfen. Weiß Gott nicht sein alter Vater, nein – ihn wollte er nicht auch noch der Gefahr aussetzen. Die Kunde verbreitete sich am nächsten Morgen wie ein Lauffeuer im winzigen Orte. Und nach kurzer Zeit war die neugierige, redselige, mit guten Ratschlägen um sich werfende Dorfgemeinschaft wieder am Hagenberg versammelt: „Welch Unglück", meinten sie, „dein einziger Sohn ein Krüppel! Wie willst du nun das ohnehin schon karge Feld bestellen, allein reicht deine Kraft nicht und ihr werdet noch mehr Hunger leiden als zuvor!" Und wieder sagte der Alte und lächelte in einer Weise, die tiefes Mitgefühl verriet: „Ob Glück oder Unglück, wage ich nicht zu bewerten!" Spätestens jetzt hielten ihn die Leute für völlig verrückt! Auch die wenigen guten Freunde schüttelten ungläubig den Kopf und wendeten sich ab. Am darauffolgenden Tage jedoch, kamen die Soldaten des Königs ins Dorf. Sie verkündeten, es gäbe Krieg und nahmen die wenigen wehrtauglichen jungen Knaben und Männer mit in die ferne Schlacht! Einzig den „verkrüppelten" Sohn des Alten, den brauchten sie nicht, er blieb nunmehr als einziger Mann zwischen all den jungen Frauen in Suderode zurück! Ob das wiederum Glück oder Unglück bedeutet, der einzige Mann zwischen vielen Frauen zu sein, das weiß Gott allein! *(aufgeschrieben von Kiehne in „Märchen, Sagen & ... um und über Bad Suderode")*

Was die Leute reden

Gemächlich trappelte das graue Tier seinen Weg, einen vollbeladenen kleinen Karren ohne Mühe hinter sich herziehend, auch ohne auf den Weg zu achten, denn es kannte ihn blind. Jeden Tag ging es von Asmusstedt zum Oberhof, einem beeindruckenden Stadtschloss, das die von

Stammers gerade beträchtlich ausbauten. Um die Arbeiter dort zu verköstigen, ging eine Weisung an alle Vorwerke, Material und Speisen herbei zu schaffen, was für die Bauern aus Asmusstedt bedeutete, stets und ständig unterwegs zu sein.

Dem jungen Mann, der neben seinem Vater und dem Eselgespann lief, machte der Weg nichts aus, er hätte ihn sprinten können, das Gerede der wohlfeinen Bürger des Städtchens aber machte ihn irre. „Lass sie reden!", predigte der Vater zwar, doch was verstand der Alte davon, dass in dem Jungen der Wunsch keimte, etwas zu gelten! - „Siehst du Vater, da spotten sie wieder!", flüsterte er hinter vorgehaltener Hand, als sie von der Langen Straße in die Badstraße einbogen und an der St. Nikolai vorbeikamen. „Sieh dir die dummen Bauern an!", hörte man, „Da haben sie einen Esel und reiten nicht!" – „Vater, morgen reitet ihr das Tier, damit sie nicht schlecht reden!", sagte der Sohn und grämte sich. – Am folgenden Tag saß also der Vater auf dem Esel, der Sohn lief nebendrein und die Leute spotteten: „Sieh dir den Bauern auf dem Esel an, lässt seinen armen, ausgemergelten Sohn laufen – pah!" „Sohnemann, morgen wirst du auf dem Grauen sitzen!", schimpfte der Vater.

Wie die Ballenstedter aber sahen, dass der Sohn auf dem Esel thronte und seinen alten schwachen Vater nebenhergehen ließ, da riefen sie ihm zu: „Was bist du für ein undankbarer Knabe, schelten sollte man dich!" – Am nächsten Tag ritten die Männer zu zweit auf dem Esel in Ballenstedt ein, worauf die Leute den Kopf schüttelten und sprachen: „Seht das arme Tier, ziehts nicht genug am Wägelchen? Müssen die faulen Kerls sich auch noch tragen lassen?"

„Es reicht!", schrie der junge Mann, stieg vom Esel, bat auch den Vater herunterzukommen, spannte dann das Lasttier vom Karren ab und gab dem Vater das Grautier an die Hand. Nun zog er den Eselskarren selbst bis vor den Oberhof, um das gute Tier zu schonen. Jetzt aber lachten die Leute und nannten die Bauern Narren und Schlimmeres: „Sieh, da haben sie einen Esel und ziehen das Fuhrwerk selbst. Was für Esel?!" - „Ja, Vater, nun sehe ich's ein!", sagte der Junge entgeistert, „Es ist ganz gleich, was ich wie tue, die Leute reden. Und wenn ich's den anderen recht machen will, bin ich tatsächlich selbst ein Esel! Morgen will ich nur machen, was ich gut und richtig finde!" *(aufgeschr. von Kiehne in „Die schönsten Sagen von Ballenstedt & dem Selketal")*

Woran wir schwer tragen

Zwei Mönche trugen einst einige Mehlsäcke von der Selkemühle unter der Burg Anhalt zu ihrem Kloster Hagenrode im heutigen Alexisbad. Wie sie an die wilden Wasser kamen, an denen nun der Selkefall die Wanderer erfreut, sahen sie eine verängstigte Jungfrau am Ufer auf und ab gehen. „Was ist mit dir, mein Kind?", fragte der jüngere der beiden Mönche. „Ach Frater, ich muss dort hinüber, doch das Wasser ist in den letzten Stunden so arg angeschwollen, dass mein Herz sich's nicht zutraut!"

Kurzerhand nahm sie der Mönch auf seine Arme, durchwatete die Selke, setzte sie drüben unversehrt ab und wünschte ihr mit einem frommen Gruß Lebewohl.

Der ältere Mönch war fassungslos. Schweigend gingen sie nebeneinander her, bis es der Alte kurz vorm Kloster nicht mehr aushielt und grimmig schauend den Jungen zu tadeln begann: „Wie konntest du nur?", schnaubte er. „Was meinst du?", fragte der Jüngere verblüfft. „Du Sünder wagst es noch, dich dumm zu stellen? Hast trotz deines Keuschheitsgelübdes eine Frau berührt. Hattest ihren runden Arsch in deinen Händen, ihre üppigen Birnenbrüste vor der Nase und hier …, sieh her, haften noch drei ihrer wallenden, goldenen Haare an deiner Kutte. Was willst du zu deiner Entschuldigung sagen? Überlege dir gut, was du sprichst, bevor's der Abt erfährt!", brüllte der Alte nun fast.

„Nun, werter Bruder!", lachte der jüngere Mönch, „In einem Akt der Nächstenliebe trug ich das Mägdelein über den Fluss und setzte es gleich am anderen Ufer ab. Mir scheint es allerdings, dass du sie noch immer trägst. Ist es nicht eine größere Sünde, sie fortwährend in Gedanken zu berühren?" Dem älteren Mönch stand der Mund weit offen, während der Jüngere lächelnd weiter Schritt und ein frohes „Halleluja" pfiff. *(siehe ebd.)*

Ulrich der Unglückliche

War Graf Ulrich X. vom Regenstein unglücklich, weil das Schicksal hart um sich schlug, oder schlug er sich gern, was daraufhin zu seinem Schicksal wurde? Jähzornig war er, von Kindheitstagen an, war mit nichts und niemandem zufrieden und eben, weil er nicht mit sich im Frieden war, stand er in vielleicht des Unglücks Bann!?

Einmal war er mit Freunden auf Heldrungen zu Besuch, griff nach einer sich selbstentzündenden Büchse, kasperte herum, merkte nicht, dass sie geladen war und erschoss im Spaß Curt Barth und Günter von Berka. Zur Sühne des Unfalls zahlte er 1000 Gulden, deren Zinsen mildtätigen Zwecken des Stolberger Hospitals zukommen sollten. Ach, was grollte Ulrich gegen sich, hieß sich selbst einen Unglückswurm und jammerte auch, dass durch seine Dummheit so viel Geld verloren gegangen war. Auch sonst machte er Schulden über Schulden, ganz genau wie sein Vater, dem er nie ähneln wollte.

Solch einen Grafen wollten freilich die Blankenburger nicht über sich im Schlosse sitzen haben und wiedersetzten sich nach besten Kräften. Erst mit roher Waffengewalt gewann der Unglückliche die Oberhand über seine, ohnehin vom Bauernkriege schwer gebeutelte Grafschaft zurück. Eine Hochzeit musste her, nicht der Liebe, sondern des Machtzuwachses wegen, doch es machte dem Unglücklichen schon etwas aus, dass seine Gattin Barbara, Gräfin von Mansfeld, der es mitunter gelang, seinen Jähzorn zu besänftigen und den Schwermut fortzuküssen, nach nur zwei Jahren Ehe plötzlich verstarb. Von da an konnte Ulrich nichts Schönes mehr am Leben finden. „Ein Unglück kommt selten allein!", jammerte der an sich im Überfluss Schwelgende, was seine Seele täglich mehr verarmen ließ.

Die Jahre verflogen, Ulrich heiratete ein zweites Mal, nämlich die Gräfin Magdalena zu Stolberg, die ihm viele Kinder und noch mehr glückliche Stunden geschenkt hatte. Doch auch dies änderte nichts daran, dass er sich für einen Pechvogel hielt!

In der Nacht zum 19. November 1546 träumte der Unglückliche von einem goldenen Vogelkäfig. Wunderschöne buntgefiederte Vögel saßen darin auf einer Stange, als plötzlich einer nach dem anderen in Flammen aufging, schwarz gefärbt zu Boden fiel und unten als Aschewölkchen zerstobte. Nur ein Tier war noch übriggeblieben, das fortdauernd piepte: „Ingesperrt - totgeplerrt, frigelaten - Glück im Garten!" als die Glocke der Schlosskirche wild läutend die Schlafenden aus den Träumen riss.

„Feuer, Feuer", schrie es im Hof und, wie Ulrich die Augen aufschlug, zog bereits dichter Qualm durch die gräflichen Gemächer. Die Bediensteten waren aus den Kammern geflohen, hatten aber die Grafenfamilie vergessen, die nun in den oberen Schlossstuben gänzlich von den Flammen eingeschlossen war. Die jüngeren Kinder wurden gerettet, indem man sie von Laken umwickelt aus den Fenstern abseilte. Nur Ulrich und seine schwangere Magdalena strauchelten noch oben durch die Flammen, hustend, entkräftet, die Leiber angesängt: „Verlate mik unn rette din Leben!", schrie sie dem Liebsten durch die Flammen zu, der unentwegt versuchte, sich durch die Flammenhölle zu ihr hinzukämpfen. „Bin ingesperrt, totgeklärt - vor mik, rette dik - unn late unsere andern Kinneken net warten!"

Schweren Herzens kletterte er aus dem Fenster, keine Sekunde zu früh, sah er doch noch im Augenwinkel, wie die brennende Balkendecke über seiner Liebsten zusammenbrach.

Er entkam mit schweren Verbrennungen am ganzen Körper, weinte drei Tage und Nächte, verließ dann aber seine Bettstatt – ganz zum Erstaunen aller Diener - grüßte einen Jeden freundlich, wirkte sonderbar beseelt und ließ seine Kinder zu sich kommen. Alle fanden Platz in seinen ausgestreckten Armen, standen und weinten gemeinsam eine kleine Ewigkeit bis Stille ward, worauf er ein jedes um Verzeihung bat: „Der Teufel hat mine Seele endlich frigelaten, bitte kummt mit mik tollen unn tanzen unn lachen im Garten!" Von dieser Stunde an fühlte sich Ulrich frei. Der „Unglückliche" lachte in seinem letzten Jahr mehr als in seinem ganzen Leben vor dieser Unglücksnacht!

(aufgeschrieben von Kiehne in "Die schönsten Sagen aus Blankenburg")

Der Bergmönch

Der gute Geist des Harzes, vor allem jener der Bergleute, ist sicherlich der Bergmönch. Schon Vielen, denen er tief ins Herz blickte, hat er geholfen, immer jedoch mit der Warnung, man möge nicht verraten, dass man ihn gesehen hätte. Dem Einen füllte er das Grubenlicht, so dass niemals Lampenöl nachgegeossen werden musste, der Andere bekam einen Taler, der immer, wenn er ausgegeben ward, wieder in der Tasche steckte. Viele haben bisher aus Stolz oder einem anderen trunkenen Gedanken ihr geschenktes Glück vertan!

Gedanken zu den Gedanken

Mein Verstand ist ein faszinierender Computer mit gewaltiger Rechenleistung – ein Wunderwerk bzw. eine grandiose Erfindung eines Meister seines Fachs – nur sagen Forscher, dass wir lediglich 10% davon aktiv gebrauchen:

Unser Bewusstsein. Mmh, wie setze ich diese 10% ein? Manchmal glaube ich, es ist eher so, dass mein Verstand mich benutzt, nicht anders herum. Wer dient hier wem? Nur in Momenten großer Achtsamkeit registriere ich: Was denke ich eigentlich gerade? Wer's nicht glaubt, kann sich im nachfolgenden Experiment ausprobieren. Hier geht's darum, die Sätze möglichst spontan zu vollenden:

Ich muss ... _____

Ich bin ... _____

Wenn ich viele Dinge erledigen „muss", versetze ich mich selbst zwangsläufig in Stress. Eigentlich muss ich nicht viel, ich denke das nur. Wenn ich mich ganz bewusst entscheide, Dinge zu tun, ist es meine Wahl, dann fühlt es sich freier an. ... & was denke ich über mich? Sind die meisten meiner Notizen wertschätzend, hilfreich? In diesem Fall darf ich mir selbst gratulieren & auf die Schultern klopfen! Viel öfter nehme ich aber wahr, dass ich über Vergangenes grübele und unzufrieden mit mir bin. „Ach, hätte ich nur dies oder das getan!" Ich ärgere mich über mich selbst, über meine Frau oder den Nachbarn. Mein Leben wäre ja schön, könnte so einfach sein, gäbe es nur nicht diese Sorge! In den Harzer Sagen wird ausdrücklich davor gewarnt: „Sieh nicht zurück!" Wer sich nicht daran hält, steht an Ort & Stelle versteinert bis heute, wie „Hans & Hennig Mönch".

Ärger und Sorgen sind meine größten Energieräuber, hemmen jede mögliche Problemlösung im Hier & Jetzt, wodurch ich mich tatsächlich versteinere! Ich frage mich manchmal, weshalb wir nicht bereits in der Schule lernen, Gedanken zu kultivieren (z.Bsp. negative Ideen zu „reframen") & unseren Kopf nicht nur auf den Schultern herumzutragen, sondern auch effektiv zu benutzen? Was effektiver wäre, als Ärger und Sorgen zu nähren? Vielleicht zu erfahren, wie ich diesen (Buddhisten würden sie Geistesgifte nennen) Herausforderungen begegnen kann. Habe ich auf meine Gedanken Einfluss?

Ja, denke ich heute, aber nur, wenn ich achtsam und damit gegenwärtig bin. Ärger und Sorgen beziehen sich immer aufs Gestern und Morgen, nie auf das Hier und Jetzt! Ich verneine eben diesen Augenblick (der tendenziell ein Glücksmoment sein könnte, wäre ich nur wach genug!), wenn ich in Gedanken abdrifte. Im Grunde genommen sage ich damit: „Nein, ich möchte das Hier und Jetzt nicht fühlen! Nein, ich glaube auch nicht, dass sich mein Schmerz gleich wieder legt!! Nein, ich weiß, dass es morgen genauso schlimm oder noch schlimmer wird!!!"

Ü *Übung: Bedingungsloses Ja*

Der Bergmann aus dem Märchen „Morgen ist morgen" vertraute sich dem großen Ganzen an: „Gott wird schon für mich sorgen!", wusste er und sagte damit ganz und gar „Ja"! Um dieses Ja, das ihn alle Herausforderungen überwinden ließ, geht's bei dieser Übung: An jedem Ort und zu jeder Zeit, kann ich mir meiner Atmung bewusst werden und damit ins Hier & Jetzt zurückkommen. Beim Ausatmen sage oder denke (also intoniere) ich das „Ja", einatmend stelle ich mir vor, wie ich nicht nur Sauerstoff, sondern pure Lebensenergie in mich aufnehme. Was bewirkt fünf 5 Minuten „Ja!"- atmen in mir?

Immer wieder beobachte ich mich dabei, wie ich Menschen bewerte: „Die Dicke will mir beim Abnehmen helfen?" Oops, ich habe es schon wieder getan. Es geschieht so automatisch: Zu allen erdenklichen Situationen gibt mein Verstand vermeintlich kluge Kommentare ab, dabei weiß ich: Bewertungen machen engstirnig, stecken Menschen und Dinge in Schubladen, sind womöglich falsch bzw. einfach eine Interpretation meiner Sichtweise, führen zu Missverständnissen und Konflikten und im tragischsten Fall werden sie wahr. – Schon in der Schule lernen wir, was gut und richtig ist. Ein Bewertungssystem richtet unsere Leistung und je nach Leistung sinken oder steigen die Chancen, später den Traumberuf zu bekommen. Ferner macht sich das Rudelwesen Mensch mehr oder weniger von der Meinung Anderer abhängig und generiert mitunter daraus ein geringes oder hohes Selbstwertgefühl. Wer aber bitte entscheidet, was gute Kunst ist? In meiner Schulzeit gab es einige fülligere Mitschüler, die sich im Sportunterricht sehr bemüht haben, die geforderten Leistungen zu erreichen. Obschon sie große Anstrengungsbereitschaft dabei zeigten, die an sie gestellten Aufgaben zu erfüllen, scheiterten sie und wurden als „mangelhaft" bewertet. Noch heute leiden sie darunter und hassen jegliche Art von Bewegung. Und ich, ich traue mich noch heute nicht zu singen!

Beobachten versus Bewerten: Eine gute Übung, um festzustellen, wie schwierig es ist, etwas zu beschreiben, ohne zu werten. Hierbei suche ich mir irgendein Objekt aus, eine Blume oder einen Stein und schildere ausschließlich Beobachtungen:

Ü *So wie ich:* Wenn ich dazu neige, Menschen in Schubladen zu stecken, ist die Übung Arjuna Ardagh (aus dem Film „Awake – ein Reiseführer ins Erwachen") äußerst nachhaltig, um mir die „Verurteilungen" abzutrainieren. Wenn ich einen Menschen sehe und ihn postwendend bewerte, füge ich den Satzteil „so wie ich" hinzu. Der Hintergrund dieser Übung ist das Wissen, dass ich meine eigenen, unbewussten Schatten nach Außen verlagere. Mitmenschen sind daher lediglich Träger meiner Projektionen. Was ich über sie denke, was ich ihnen für ein Feedback gebe, sagt viel mehr über mich, als über sie aus! Das „so wie ich" erinnert mich also daran, dass ich etwas über mich denke oder sage: „Der kriegt wirklich nichts gebacken …, so wie ich!", „Man, mein Chef ist so blind …, so wie ich!", „Warum sind die Menschen bloß so egoistisch …, so wie ich!"

Ü *Fragen über Fragen:* Wenn ich jemanden in einer Form bewerte, dass mir klar wird: „Ich kann den nicht leiden!", ist es spannend, mir einige Frage zu stellen: Was habe ich mit der Person gemeinsam? Was hat die abgelehnte Eigenschaft mit mir zu tun? Was kann XY besser als ich? Was mag ich an ihm? Was kann ich aus dieser Begegnung/dieser Situation lernen? Was ist gut daran? Was fällt mir hierzu gleich ein? 😊

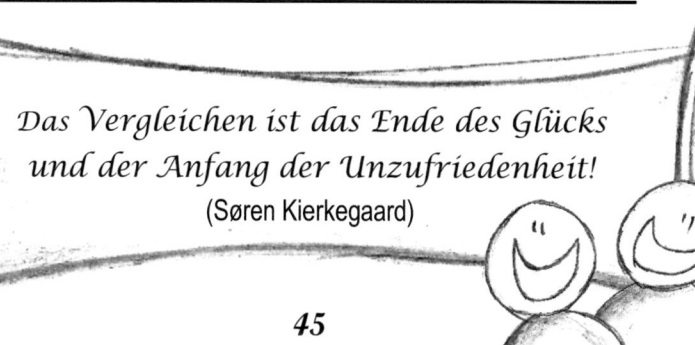

Das Vergleichen ist das Ende des Glücks
und der Anfang der Unzufriedenheit!
(Søren Kierkegaard)

Das ist eine interessante Meinung:

Einer der bemerkenswertesten Menschen, den ich kennen-
lernen durfte, ist der Meditationslehrer Paul Mitchell, eine Koryphäe
- wann immer Schüler seine Weisheit beanspruchten, sagte er:

„So, wie ich es derzeit sehe …" Jeder im Raum verstand, es war
lediglich eine Meinung, sein Weg zum Glück, keine feststehende
Wahrheit, die alle anderen Antworten straft, eine Lüge zu sein. Der
Meditationslehrer Osho z. Bsp., war dafür bekannt, auf ein und
dieselbe Frage, teils sich völlig wiedersprechende Antworten zu
geben und beide Antworten waren gut und richtig. Paradox?
Definitiv, doch ganz einfach an folgender, kurzen Übung
nachzuvollziehen: Welche Zahl sehe ich hier?

6

Klar, die „Sechs", Kinderkram! Was aber ist, wenn ich das Buch auf
den Kopf stelle und von oben gucke. Oh, dann sehe ich die „Neun".
Und, wenn ich die nachfolgende Zahl verkehrt herum betrachte? ☺

38317

Alles eine Frage der Perspektive! Aber wie oft glaube ich, im Recht
zu sein, womit der andere ja dann Unrecht haben müsste? Manches
Mal ist das Gegenteil von richtig aber eben auch richtig! Wie viele
Missverständnisse könnte dieser Gedanke bereinigen?

Überhaupt: Gedanken sind manchmal bloß Gedanken. Sie sind
nicht automatisch wahr, bloß weil ich sie wahrnehme.
Ich bin nicht meine Gedanken - verstehe ich
das, bin ich wieder aktiver Gestalter meiner Wirklichkeit!

Vom Weinen

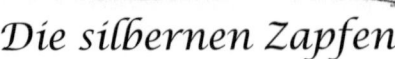

Die silbernen Zapfen

Vor langer Zeit lebte in Bad Grund im Harz ein Bergmann mit seinem lieben Weibe und sieben Kindern. Zusehends verarmte die Familie, denn den Mann plagte eine böse Krankheit.

Nun musste die Frau das Geld herbeischaffen, brachte Wasser in die Häuser der Reichen oder sammelte Tannzapfen im Walde, die man gegen trocken Brot eintauschen könne. Doch an diesem wolkenverhangenen Tag fand sie keine Zapfen, geschweige denn trocken Holz. Da setzte sie sich über ihre Not nachdenkend auf dem Waldboden nieder und begann dicke Tränen zu weinen, sagte dann aber zu sich selbst: „Was hilft's? Du musst aufstehen, dein Schicksal selbst in die Hand nehmen, willst du nicht betteln gehen!" –

Wie sie sich aufrappelte, stand plötzlich ein kleines, steinaltes Männlein neben ihr, grüßte freundlich und fragte: „Weshalb vergießt ihr so vielen Tränen? Da weint der Himmel ja ebenfalls!". „Gott zum Gruße!", sagte sie freundlich und erzählte dem Männlein ihr Leid. Weil der Zwerg spürte, dass in ihrer Brust ein gutes Herz schlug, führte er sie zum Hübichenstein. Wie beide dort anlangten, lag der ganze Boden übersät mit blinkenden Zapfen. Da lachte die Frau so hell und schön, dass der dunkle Himmel aufriss und die Sonne hervorblitzte. Freudig drückte sie das Männlein an die Brust und begann singend die Zapfen einzusammeln. Rasch ward die Kiepe gefüllt, nach Hause getragen aber, oh Wunder, dort hatten sich alle Zapfen in Silber verwandelt! Der Bergmann nickte wissend, nahm seine schöne Frau beschwichtigend in den Arm und meinte, sie wären vom Zwergkönig Hübich beschenkt worden!

Am nächsten Morgen ging die Frau erneut zum Hübichenstein und rief: „König Hübich, bitte zeige dich!" und als der Zwerg kam, da herzte sie ihn und bedankte sich. „Komm mit! Ich zeig dir eine Kunst, die euch noch mehr zur Gottes Gunst verhilft, als die silbernen Zapfen!", sprach das Männlein, nahm sie bei der Hand und zeigte ihr neunerlei Kräuter, mit welchem Spruch sie zu pflücken seien und was man mit dem Herzen daraus zubereiten könne. Wie sie ihrem Mann aus den Kräutern einen Tee aufbrühte, da war seine Krank- heit verflogen. So lebten sie noch lange in bescheidenem Wohlstand und, wenn sie nicht gestorben sind, lieben sie sich wohl noch heute.

(aufgeschrieben von Kiehne in „Kräutersagen aus dem Harz")

Das Herz eines Baumes

Einst beschloss ein Bauer im Harz einen Baum zu pflanzen, das müsse man nämlich getan haben in seinem Leben, damit es ein erfülltes Dasein wäre. Wie er den Setzling einer Mispel in die Erde steckte und ihn goss und ihm sagte, dass es ein stolzer und wunderschöner Baum werden würde, da erwachte das Bäumlein zum Leben! Es streckte kichernd seine Wurzeln in die Erde, reckte sich wollüstig gen Himmel, ließ sich von den sanften Winden streicheln, spürte zum ersten Mal, wie die Sonne seinen kleinen Leib wachkitzelte, schmeckte den süßen Regen und fühlte sich mit jeder seiner Poren geliebt. Diese Liebe ließ ihn aufgehen, immer mehr und mehr und der Bauer freute sich darüber, … bis er eines Tages merkte, dass die Mispel schief zu einer Seite wuchs. Das war die Sonnenseite, nachdem sich der Kleine begierig dehnte. Auch die Bäuerin meinte, dass ein anständiger Baum so schräg nicht wachsen dürfe, weshalb der Bauer seine Astschere holte und die längeren Äste einfach beschnitt.

In dieser Nacht weinte das Bäumlein und konnte nicht verstehen, dass es nicht treiben durfte, wie ihm das Herz stand, doch sein Vater der Bauer, der liebte es ja und musste es schließlich wissen. Also wuchs das Bäumlein mit aller Kraft kerzengerade gen Himmel. „Was ist denn das?", fragte der Mann nach einiger Zeit, „So unverschämt schnell zu wachsen, das ziemt sich nicht!", sagte er und schnitt die Spitze kurzerhand ab. Diesmal weinte das Bäumlein schon weniger und wuchs, weil man es anders nicht ließ, stoisch in die Breite. Doch auch hier entgegnete die Bäuerin, dass auch der Nachbar finde, dass ein rechter Baum sich zügeln müsse, nicht zu dünn und nicht zu dick werden dürfe, worauf der Bauer wieder zur Schere griff.

In dieser Nacht hatte unser Baum keine Tränen mehr, wuchs nur noch langsam, eben wie es sich gehörte, ließ auch an den schönsten Tagen trüb die Blätter hängen ... und die Jahre vergingen.

Einmal kam ein junges Mädchen mit seinem Vater durch den Garten gelaufen und sah den mittlerweile groß gewordenen Baum, blieb stehen und sprach: „Vater, findest du nicht auch, dass dieser Baum traurig aussieht?" – „Dieser Baum heißt Mispel, meine Kleine, aber ob er traurig ist, kann ich nicht sagen!", antwortete der Große, der wenig auf die Hirngespinste der Kleinen gab. Erst als das Mädchen ganz stumm an seiner Hand mit nach Hause trottete und auch dort noch betrübt am Tische saß, sah er es wirklich an. Stumm lief da ein Rinnsal salziger Tränen aus seinen großen, rehbraunen Äuglein. Dann begann es lauter zu weinen, dass man den Baum ganz sicher zu oft beschnitten habe. „Aber es ist doch normal, dass man einen Baum beschneidet!", entgegnete der Vater und setzte hinzu, „Es gibt eben Regeln und niemand darf einfach machen, was er will. Auch du nicht meine Kleine!" – „Aber, warum denn nicht!", schluchzte das Mädchen, „Du hast mich doch lieb?" – „Natürlich liebe ich dich!", sagte der Vater, nahm sein Töchterlein endlich auf den Schoß, drückte es fest an seine Brust und spürte, wie auch ihm die Tränen kamen. Weshalb man nicht wachsen dürfe, wie man wolle, konnte auch er eigentlich nicht sagen. Vielleicht ja, weil dann alle spüren würden, dass sie irgendwann in ihrem Leben zu oft beschnitten wurden!

Nach einer ganzen Weile verebbten die Tränen und die Kleine lachte plötzlich auf: „Vater, lieber Vater, ich weiß, was zu tun ist!" Sie sprang von seinem Schoß und rannte los, rannte so schnell, wie sie konnte zum Bäumchen, streichelte ganz vorsichtig dessen knorrigen Stamm (ebenso, wie sie vom Vater gerade gestreichelt wurde) und flüsterte, wieder mit einem Tränlein in ihrem Auge:

„Ich hab' dich lieb, mein Großer. Ich hab' dich lieb und werde jetzt öfter nach dir sehen!" – Und zum ersten Mal nach vielen Jahren, regte sich das Baumherz aufs Neue, die Mispel erwachte und fragte sich tief in ihrem Innersten, ob das wirklich wahr sein konnte oder sie nur geträumt hatte.

Nein, es war kein Traum gewesen, denn von da an kam das Mädchen fast täglich zum Baum, streichelte seine Rinde und sagte ihm, wie schön er war und der Baum, ob ihr's glaubt oder nicht, der blühte langsam wieder auf. Bald gewahrten auch der Bauer und dessen Frau, dass das Dirn täglich kam, um mit der Mispel zu sprechen. Das Kind müsse sicher verrückt sein, meinten sie, doch weil sie neugierig waren, gingen sie zu der Kleinen hin und fragten: „Was redest du da für wirres Zeug mit einem toten Ding?" – „Habt ihr denn nicht gesehen", entgegnete das Mädchen entgeistert, „dass der Baum traurig war?" Skeptisch beäugten die beiden Alten ihre Mispel. Da sah das Mädchen, dass nicht nur der Baum eine große Portion Liebe nötig hatte. Von jenem Tage an standen die Alten gemeinsam mit dem Mädchen und seinem Vater an der Mispel, berührten sie achtsam, lachten gemeinsam … und der Baum, der fühlte sich wie neugeboren.

Zuerst wuchs er ganz wild in die Breite, als wolle er seine Freunde umarmen, dann schräg hinunter zum Boden, als wenn er sich reckte und dann kreuz und quer gen Himmel, nur um vielleicht doch noch irgendwann eine Wolke küssen zu können. Im ganzen Harz gab es keinen zweiten Baum, der so schief … aber wunderschön … gewachsen war, wie dieser. Viele haben schon vor ihm gestanden und sich gewundert … und sich gefreut … und all jenen Menschen, flüsterte unsere Mispel zu: „Wachse, wie du willst … und werde, wer du wirklich bist!" *(aufgeschrieben von Kiehne in „Baumsagen")*

Übung: Ich als Baum

Ü

Königin Mathildis Rückkehr

Nach dem Tode König Heinrichs I. zog sich seine Witwe Königin Mathilde – Tochter des sächsischen Grafen Dietrichs, eines Nachkommens Widukinds, jenes Herzogs der Sachsen, der sein Volk einst gegen Karl den Großen und dessen blutige Christianisierung führte – auf ihre Besitztümer in Nordhausen zurück, welche ihr der König zu Lebzeiten vermacht hatte. Als wahre Christin wirkte sie edel- und gutmütig, beschenkte die Kirche und die Klöster und sah es als ihre Herzenspflicht, den Armen und Bedürftigen zu helfen, weshalb man sie schon zu Lebzeiten als Heilige pries. Diese grenzenlose und dadurch kostspielige Wohltätigkeit, war ihren Söhnen Otto und Heinrich freilich ein Dorn im Auge! Als sie es nicht mehr dulden konnten, dass ihre Mutter die Besitztümer des Vaters weiterhin mit offenen Armen verschenkte und damit den Reichtum und die Herrschaft der Söhne schmälerte, zwangen sie die Königin als Nonne in ein westfälisches Kloster einzutreten. Von diesem Tage aber an, sahen sich die Brüder von stetem Unheil verfolgt:

Eine Krankheit kam auf die andere, treue Freunde wandten sich ab und selbst die sichersten Unterfangen missglückten. „Ist es eine Strafe für unsere Härte der Mutter gegenüber?", fragte Heinrich seinen älteren Bruder, der dasselbe auch schon lange dachte und mürrisch beschloss, Mathilde lieber wieder nach Nordhausen zurückkehren zu lassen. Hier kaum angekommen, verschenkte die Königin weiterhin ihre Habe und gründete ein Nonnenkloster, zu dessen Weihe auch ihr Sohn Otto kam, der mittlerweile Kaiser war. Als er nach sieben Tagen endlich nach Italien aufbrach, konnte er seiner Mutter nach der Messe nicht einmal in die Augen schauen. Betont gleichgültig nahm er von ihr Abschied, sie aber blickte ihm noch lange weinend nach und stand noch immer an der

Kirchenpforte als sein Tross schon längst aus Nordhausen ausgezogen war. Mit ihrer letzten Träne ging sie in die Kirche zurück, kniete sich an jener Stelle nieder, an der ihr Sohn, Kaiser Otto, soeben noch gestanden hatte und küsste jenen Flecken, auf dass der Segen der Liebe einer Mutter ihn auf seiner langen Reise bewahre.

Als Graf Wittger, der gleichermaßen ein Freund von Königin und Kaiser war, dies sah, ritt er Otto nach, um ihm vom Segenskuss der Mutter zu berichten. Der Kaiser spürte die Wahrheit hinter jenen Worten und bereute nun seine Härte sehr. Mit feuchten Augen ritt er zurück, fand die liebe Mutter noch immer weinend in der Kirche hocken, nahm sie in die Arme und Tränen perlten aus Beider Augen. „Liebe Mutter verzeih …! Dir verspreche ich ins Herz, heil zurückzukommen, deinen Schmerz zu trösten, nimmermehr Gram gegen dich zu hegen!" – Von dieser Stunde an gelang dem Kaiser jedwedes Unternehmen. *(aufgeschrieben nach Sternal)*

Nur wer glücklich ist, kann glücklich machen. Wer's tut, vermehrt sein eigenes Glück!

Johann Wilhelm Ludwig Gleim

Gedanken zum Weinen

Bin ich eigentlich glücklich? Eine Frage, die ich mir regelmäßig stelle! Auf einer Skala von 1-10 – wobei 1 meint: „Wenn Scheiße, dann Scheiße mit Schwung!" und die 10 Goethes Ausspruch am besten charakterisiert: „Moment, bitte verweile doch, du bist so schön!" – wo stehe ich? Was kreuzen meine 5 besten Freunde an, wenn ich ihnen diese drei Smileys zum Ankreuzen vorlege, um mich am ehesten zu beschreiben?

Diese Übung verlangt vielleicht etwas Mut, zumindest bei vielen Menschen, denn sie könnten ja anders eingeschätzt werden, als sie das selbst tun. Fallen die ersten 3 Antworten gänzlich unerwartet aus oder kenne ich keine 5 Menschen, die mich realistisch einschätzen, darf ich abermals fragen: Wie glücklich bin ich wirklich? Alle unbearbeiteten Konflikte, Schicksalsschläge legen sich als Schleier über mein Bewusstsein. Ich sehe die Welt dann nicht mehr klar, sondern durch einen verschmutzten Filter: Ein gutes Experiment dem eigenen Filter auf die Schliche zu kommen, ist Folgendes: Der Stift schreibt die ersten Gedanken auf, die mir in den Sinn kommen, ohne, dass die innere Bewertungskommission sie ändert.

Die Welt ist voller ...

Die individuellen Antworten sind selbstredend von Land zu Bundesland verschieden, was hierzulande immer ähnlich ist, ist der Schnitt, dass 2/3 aller Deutschen durch einen negativen Filter schauen. Wenn ich mich täglich über Hundehaufen ärgere, sehe ich sie plötzlich überall! Als ich wiederum das erste Mal Vater wurde, sah ich überall Schwangere & Kinderwagen – die reinste Epidemie!

Worauf ich mich fokussiere, was ich erwarte (Sich-selbst-erfüllende-Prophezeiungen), woran ich denke (Sprache macht einen riesigen Unterschied! Ein Beispiel: „Das ist doch kein Problem!", „Ich muss ...", Die Welt ist voll Arschlöcher!" – setzt in mir etwas anderes frei als: „Wir schaffen das!", „Ich habe mich entschieden ...", „Die Welt ist voll von verhaltensoriginellen Menschen!"), holt mich wieder ein.

Auch, was ich nicht geklärt habe, was ich nicht verzeihen kann, was ich bereue, lastet schweren Steinen gleich auf meiner Schulter und holt mich auch in der Beziehung mit anderen Menschen wieder ein: Das Resonanzgesetz – die Welt spiegelt mich und meine Themen! Wenn ich mit dem Filter „Die Welt ist voller Arschlöcher, Egoisten, Verrückter!" (was übrigens die häufigsten Antworten der oben genannten Frage waren, wobei es freilich auch solche Sonderlinge gibt, die „Liebe", „Dankbarkeit" & „Möglichkeiten" angaben), die Welt um mich herum unsicher mache, mute ich den Menschen um mich herum einiges zu. Nicht selten hörte ich eine Aussage, wie diese: „Ich schnauze ja nur zurück, der andere hat doch angefangen, da kann man ja nicht ruhig bleiben!" Mmh, muss ich wirklich reagieren oder habe ich die Möglichkeit, mit einem anderen Filter und einer anderen Grundstimmung, diese Situation besser zu meistern? Vera F. Birkenbihl, weltbekannte Buchautorin und Motivationstrainerin, sagte einmal: „Was mute ich meinem Umfeld mit mir zu? Was immer ich tue, übertrage ich auf Andere, was immer Andere tun, überträgt sich auf sie ... außer, sie kapieren das! Dann kann der HoRmosapiens etwas dagegen tun und wieder zum Homosapiens werden."

Wenn ich beschließe, mein Leben wieder mehr und mehr in die eigenen Hände zu nehmen und mit der „Ja"-Atemübung des letzten Kapitels unweigerlich alle Gefühle in mich einlade, die gesehen werden wollen, kommt sicher auch Traurigkeit. Das ist hervorragend! Um wieder heil zu werden, das Glück zu fühlen, dürfen wir uns unseren Schatten stellen, auch weinen, vielleicht unterstützt diese Übung:

Wenn ich diese Übung praktiziere (abgeleitet aus dem Ho'opono-pono, einem traditionellen Verfahren der Hawaiianer, um etwas „in Ordnung" zu bringen), erinnere ich mich oft an Menschen, mit denen ich noch „eine Rechnung" offen habe. Mein Lehrer und Freund sagte oft: „Denke dran, es gibt nur zwei Arten von Menschen, deine Freunde und deine Lehrer!" – „Jop", denke ich heute, „Die Verhaltensoriginellsten von ihnen, haben mich wahrlich einiges über mich gelehrt!" Auch ich bin ein Lehrer für andere, fordere mein Gegenüber heraus, sich selbst zu hinterfragen. Aus meiner jetzigen Sicht sehe ich es so: Jeder Mensch möchte glücklich sein, nur wählt jeder seinen ganz eigenen Weg zum Ziel. Wenn ein Mensch selbst glücklich ist und weiß, was den anderen Menschen glücklich macht, kann er einen anderen Menschen nicht bewusst schaden! Nur unglückliche & unwissende Menschen vermehren absichtlich Leid!

Unsere Ahnen hatten übrigens feste Tage im Jahreskreis, in denen sie alte Themen aus der Welt schafften und mit sich selbst zu Gericht gingen. Prinzipiell waren das all jene Feiertage, die wir auch heute noch kennen und in Gemeinschaft erleben. Um gemeinsam zu feiern, wussten unsere Ahnen, musste man in Frieden sein!

Übung: Aussöhnung

Ich suche einen stillen Platz, an dem ich ungestört nachsinnen kann. Dann denke oder spreche ich jeden der 4 Sätze einige Minuten lang, wiederhole ihn immer wieder und lasse mein Herz von den Dingen, Gedanken und Bildern berühren, die in mir aufsteigen wollen:

Es tut mir leid!

Bitte verzeih mir!

Danke!

Ich liebe dich!

59

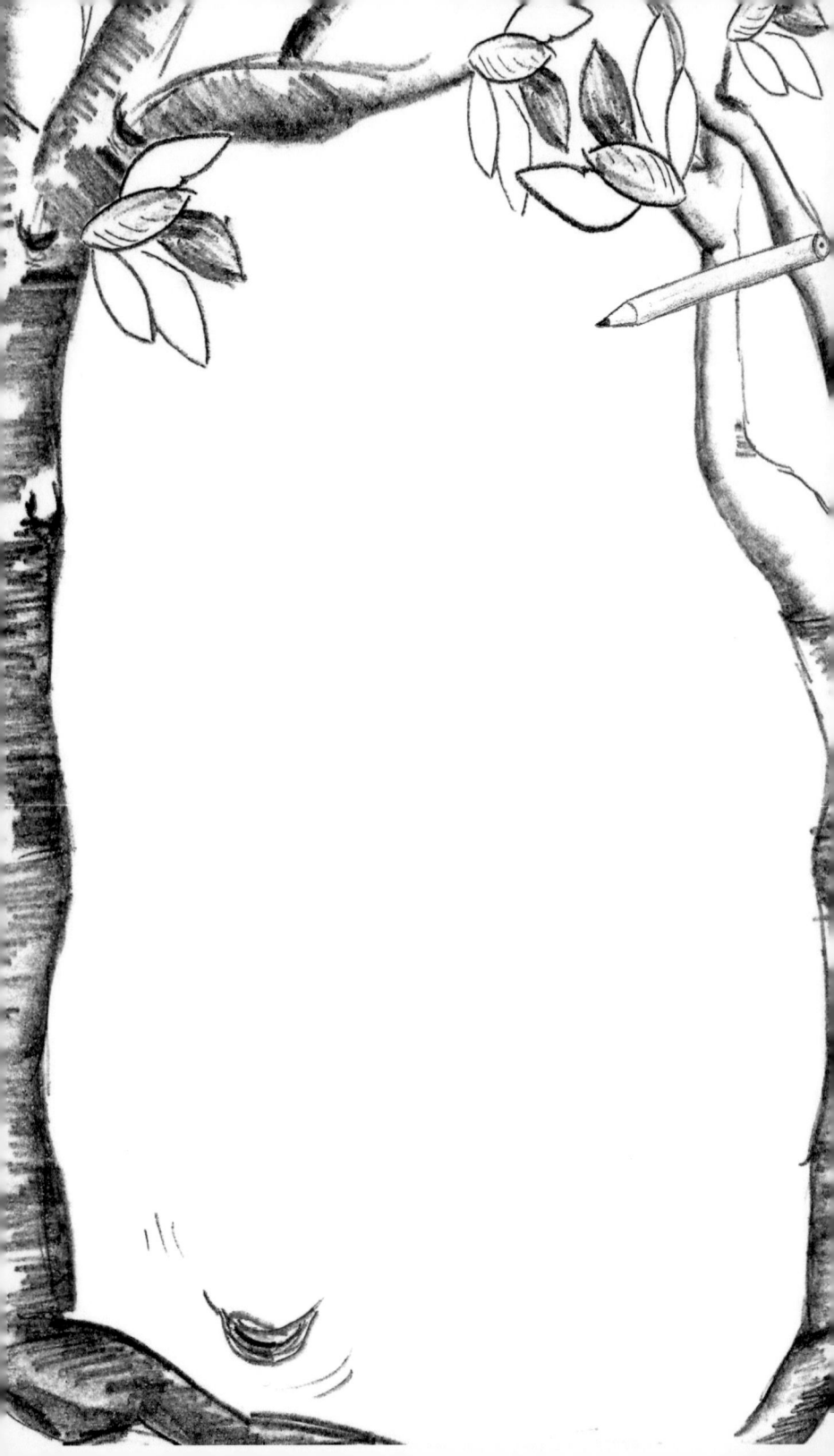

Übung: Mut zum Loslassen

Diese Übung der Aussöhnung berührt mich jedes Mal zutiefst ... und, eben weil ich mich tief berühren lasse und mir die Tränen erlaube, habe ich das Gefühl, dass dadurch einiges in meinem Leben in Gang gebracht wurde:

Zum Beispiel verlor ich das Bedürfnis auf ausgiebige Shoppingtouren. Ich kaufe mittlerweile viel bewusster und trenne mich leichter von Altlasten. Manch ein Bekannter kam auch nicht wieder, manch einen – aus heutiger Sicht – Energieräuber, konnte ich freieren Herzens ziehen lassen. Auf vielen Ebenen warf ich Ballast ab ... und fand eine passendere Beziehung und endlich meine Berufung. Sozusagen tue ich mir einen großen Gefallen, die alten Gewänder abzustreifen und fallen zu lassen, wie Silbermond es so wunderbar besingt: *„Eines Tages fällt dir auf, dass du 99% nicht brauchst. Du nimmst all den Ballast und schmeißt ihn weg, denn es reist sich besser mit leichtem Gepäck!"*

Was kann losgelassen werden und, was will ich ent-SORGEN?

_____

_____

_____

_____

_____

„So glücklich wie ich bin, gibt es keinen Menschen unter der Sonne.
Mit leichtem Herzen und frei von aller Last ging er nun fort,
bis er daheim bei seiner Mutter angekommen war."
(Hans im Glück, Brüder Grimm)

61

Was wir loslassen,
kann uns nicht mehr
festhalten.
Die Frucht vom
LOSLASSEN ist die
GEBURT VON ETWAS
NEUEM!

Meister Eckhart

Von der Kunst mit dem Herzen zu lauschen

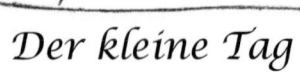

Der kleine Tag

Einst hörte ich den Wind von einem Ort erzählen, an dem sich die Tage aufhalten, bevor sie auf die Welt kommen und zu dem sie wieder gehen, sind sie vergangen.

An diesem Ort gibt es eine weite Ebene, auf der zum Einbruch der Dämmerung alle Tage zusammenkommen, um von den neuesten Geschehnissen auf der Erde zu hören. Der Tag, der eben auf der Erde war, erzählte nun von all den Dingen, von denen er meinte, sie würden ihn zu einem wirklich großen Tag machen ... und die anderen Tage lauschten gebannt: „Ein Flugzeug wurde entführt. Woanders gab es ein gewaltiges Erdbeben. Und ein Königspaar hat geheiratet." - „Wenn ich einmal auf der Welt bin, werde ich sicher auch ein großer Tag!", sagte der kleine Tag selbstbewusst, „Hundert Flugzeuge werden abstürzen, die stärksten Erdbeben, Tsunamis und Tornados werden überall wüten und Millionen Menschen werden klatschen, weil hundert Königskinder das Licht der Welt erblicken!" Die Eltern des kleinen Tages waren auch große Tage gewesen: Als sein Vater auf der Erde war, schlossen zwei Völker Frieden, die viele Jahre miteinander im Krieg gewesen waren! Seine Mutter war der Tag an dem Kolumbus Amerika entdeckte. Seine Tante hatte die erste Mondlandung mitangesehen und sein Onkel erschütterte die Menschen durch einen Vulkanausbruch, dessen Aschewolken ganz Italien zwei Wochen lang in Dunkelheit verhüllte. „Mein Sohn, du musst kein guter Tag werden!", sagte der Vater stets mahnend zum kleinen Tag und ergänzte „Hauptsache ist, dass was Gigantisches geschieht, dass sich alle Menschen immer an dich erinnern!"

Nach langer Zeit des Wartens, war es dann so weit: Der Morgen graute und der kleine Tag würde nun endlich auf der Erde sein. Unzweifelhaft, es würde sein großer Tag werden! Wie schön die Welt war: Grüne, dichte Wälder, hohe Berge und Klippen, plätschernde Bäche, spiegelglatte Seen und überall auf den Straßen der alten, geschichtsträchtigen Städte tummelten sich die Menschen. „Hey, hallo, freut ihr euch, mich zu sehen?", fragte der kleine Tag einige Ilsenburger, die schon früh auf den Beinen waren. „Was für ein Mistwetter heute, nass und kalt, das ist doch kein Sommertag!", motzten sie, „Und es ist erst Dienstag! Weißt du wieviel Arbeit heute auf mich wartet ...? Dreckstag!" Und wohin der kleine Tag auch schaute, nirgends sah er heitere Gesichter. Vergebens bat er die Sonne über dem Harz zu scheinen, doch die Wolkendecke war zu dick. Behäbig klebten die Wolken pechschwarz am Brocken und hatten so gar keine Lust, sich zu bewegen, schüttelten sich nur manches Mal und übergossen die Täler sintflutartig.

Wie der kleine Tag aber weitersuchte, da fand er doch einige lächelnde Menschen. Da war ein steinaltes aber noch munteres Pärchen, das sich vom Regen nicht abschrecken ließ und Hand in Hand die steinerne Renne hochkraxelte, nur um am Gasthaus stehen zu bleiben, in die Weite hinunter zu gucken und sich dicht aneinander zu schmiegen. Der kleine Tag hörte nur, wie der Mann zu seiner Frau flüsterte: „Vor 50 Jahren haben wir uns hier die Liebe geschworen, nun will ich den Schwur erneuern.", sagte der Alte und küsste seine Frau, als wäre es eben das erste Mal. „Wie schön, dass sich Menschen noch nach solcher Zeit, verliebt und träumend in die Augen schauen!", dachte sich der kleine Tag, ... als er am Ilsestein einen Kletterer sah, der es in diesem Moment zum Gipfel geschafft hatte. Wie der Mann am eisernen Kreuze saß, da kroch die Sonne nur für ihn einen kurzen Augenblick aus den Wolken hervor und liebkoste sein friedvoll ermattetes Gesicht.

Im Kurpark Bad Harzburgs sah der kleine Tag eine Frau, die heute zum ersten Mal allein, wieder einen Fuß vor den anderen setzte und unendlich langsam an der frischen Luft spazieren ging. Viele Wochen hatte sie nach einem Unfall im Bett liegen müssen, eingesperrt in einem engen, sterilen Raum. Nun atmete sie sich satt, spürte den Wind auf ihrer Haut und die kleinen Regentropfen, die auf ihrem Körper Rinnsale bildeten. Aus vollen Zügen, genoss sie jeden Atemzug und, wie wundervoll das Leben ihren Körper wieder wachkitzelte. „Ein unvergesslicher Moment!", dachte sie, als ihr ein Tränlein des Glücks über die blasse Wange lief. Und dort ..., in Goslar an der Alten Schule am Hohen Weg, da stand ein Junge umringt von seinen Freunden und zeigte ihnen stolz sein neues Fahrrad. „Wo hast du das denn her, das sieht ja toll aus! Dürfen wir damit heute auch mal fahren?", fragten sie alle durcheinander, worauf der Junge lachte und sagte: „Das Fahrrad habe ich geschenkt bekommen – heute ist doch mein Geburtstag – der tollste Tag im Jahr! Und freilich, könnt ihr nachher auch mal 'ne Runde drehen!"

Auch der kleine Tag drehte noch so manche Runde und verabschiedete sich schließlich ganz erfüllt von der Erde, nur um in der Versammlung der Tage schon sehnlichst erwartet zu werden. „Und wie war's?", wollten die anderen Tage wissen. „Was ist passiert" – Und der kleine Tag erzählte alles: Von dem langen Kuss der alten Leute, vom Bergsteiger und dem Sonnenstrahl, von der atmenden Frau und dem lachenden Kind ... und wie er in die Gesichter der anderen Tage blickte ... da sah er Langeweile! „Ist denn nichts Spannendes passiert? Gar nichts?? Kein Überfall, keine Toten, nicht mal eine kleine Überschwemmung???" – „Aber ich habe euch doch von dem großartigen Liebesschwur erzählt!", versuchte sich der kleine Tag zu rechtfertigen aber die anderen lachten bloß und würdigten ihn keines Blickes mehr.

Viel Zeit war vergangen. Die Versammlung der Tage interessierte den kleinen Tag überhaupt nicht mehr, er war lieber mit sich allein, weil die anderen ihn ja doch nicht verstanden ..., da kam seine Mutter zu ihm und sagte: „Hey mein Kleiner! Weißt du, was heute geschehen ist? Ich habe gerade in der Versammlung der Tage gehört, dass die Menschen sich vor ein paar Stunden in einem Weltrat einstimmig dafür entschieden haben, dich zu einem großen Tag zu machen. Als du nämlich auf der Welt warst, ist überhaupt nichts Schlimmes passiert. Das war das einzige Mal, dass es überall friedlich war. Deshalb haben sie dich heute zum Weltfriedenstag ernannt!" Da lächelte der kleine Tag, wusste er doch immer, dass er im Grunde seines Herzens ein ganz Großer war! *(aufgeschrieben von Kiehne in „Sagenhafter Nordharz")*

Von der schönen Ilse

*I*m Ilsetal würden junge Männer, die noch an die Kraft des Wünschens glauben und zu Walpurgis oder zu Allerheiligen geboren wurden und obendrein ein gutes Herz haben, die verzauberte Ilse im Fluss sitzen sehen. Sie kämmt sich dort ihr blondes, wildgelocktes Haar und. Wer sie sieht und mutig an sie herantritt, den belohnt sie reich. – Einmal kam ein solcher Mann zur rechten Zeit an den Ilsestein, ein Förster war's, der dort ein blaues Blümlein fand. Er pflückte es vom Wegesrand, worauf er plötzlich vor der Jungfrau Ilse stand. Die nahm ihn auch gleich sanft an die Hand und führte den Staunenden, der sich die Blume an den Hut steckte, an den hohen Felsen heran. Dumpf rollend tat sich ein steinernes Tor vor Beiden auf, worauf die Ilse in ihre Wohnstatt trat und dem Förster hieß, ihr zu folgen. Niemals zuvor hatte der Mann Solches gesehen: Einen Felsendom ganz aus Marmor, Gold und Edelgestein.

Das blinkte und blitzte von all den Kostbarkeiten her, heller, als die Sonne selbst. „Dein ist, was das Herz begehrt!", sagte sie lächelnd und fügte hinzu, dass er nur das Beste nicht vergessen sollte. Fassungs- und wortlos sprang er zwischen all den Schätzen her, nahm hiervon und davon, füllte auch seinen Hut ganz mit goldenen Steinen, worauf die Ilse ihn wieder ermahnte: „Vergiss das Beste nicht!" – Geblendeten Herzens griffen seine Hände nur nach noch größeren Juwelen und schwer bepackt schleppte er sich ins Freie. „Warte!", rief Ilse ihn flehend nach, „Ist's wirklich das, was dein Herz beg…!" Da aber blitzten ihm die Sonnenstrahlen schon grell ins Gesicht, das Felsentor schlug mit Gewalt wieder zu und zerquetschte den Raffgierigen, der das Blümlein verlor, als er sich den Hut mit dem Tand belud. – Wen die Jungfrau mahnt „Vergiss das Beste nicht!" soll also gut wählen. Es heißt, wenn der rechte Mann kommt und die Schöne trifft und sie unverhofft küsst, der hätte sie erlöst, bekäme sie zum Weib und all die Schätze des Ilsesteins als Mitgift obenauf. *(aufgeschrieben in „Sagenhafter Nordharz")*

Das Kussregister

*A*uf der Lonau im Harz gab es früher ein Gesetz, hörte ich die Lerbacher sagen: Wollte ein Junggeselle einer Jungfrau einen Kuss geben, so musste er es vorher beim Ortsvorstand anzeigen. Kam es einmal heraus, dass ein Liebespaar beisammen war, ohne es zuvor angezeigt zu haben, so musste das Paar ein volles Jahr lang, jeden Monat einmal, die Straße reinigen, wobei sie sich einander freilich nicht annähern durften. Der Bursche bekam einen Strohkranz auf den Kopf gesetzt, dem Mädchen ward ein Seil um den Leib gebunden und so hieß es für Reinheit und Tugend zu schaffen.

Das Kussregister war freilich ein praktisches Ding: Wollte man wissen, ob seine Liebste treu oder ein ganz verkommenes Geschöpflein war, musste man nur zum Ortsvorsteher gehen und einen Blick in das Buch beantragen, denn jeder Kuss bzw. jedes Kussvorhaben war schließlich darin vermerkt. Am Ende aber, ist das Kussregister so dick geworden, dass zehn Pferde es nicht mehr von der Stelle bekommen hätten. Zu jener Zeit waren Lonaus Straßen zwar die saubersten im ganzen Harz, doch vor allem im Frühling, hatte der Ortsvorstand große Bedenken, ob die Stadt ausreichend Besen (für die Liebenden, deren unangemeldete Küsse bestraft gehörten), ausgeben könne. – Solch ein Register freilich musste ich sehen, besuchte Lonau an einem wunderbar sonnigen Frühlingssonntag ... und siehe da: Eine siebzigjährige Dame fegte den Boden vor der Kirche, sicher eine Bestrafung für ihre unerlaubt, weil nicht bewilligte Sinneslust! Damit war gleich doppeltes bewiesen: Zum einen, dass das sagenumwobene Kussregister existieren muss, zum anderen, dass unsere gute Harzer Luft die Leute bis ins hohe Alter jung und lustig erhält! *(aufgeschrieben von Kiehne in „Sagenhafter Südwesthaz")*

Gedanken zum Schauen & Lauschen

Wie oft habe ich schon einem ganz großen Glücksmoment entgegengefiebert – als Kind einem Geburtstag, als Erwachsener meiner Hochzeit – nur um festzustellen, dass der Tag allzu rasch verflog oder nicht ansatzweise dem entsprach, was ich erwartet hatte?

Im Nachhinein waren oft ganz andere Tage von Bedeutung, Glücksmomente, die mich heute noch aufleuchten lassen, wenn ich mich an sie erinnere: Mein erster Kuss … oder, wie ich das erste Mal mein Kind auf den Armen hielt! – Glücksmomente geschehen im Alltag, wie im Wandermärchen vom „kleinen Tag", manchmal zwischen zwei Atemzügen. Kostbare Augenblicke sind so flüchtiger Natur, dass ich sie in der Hektik des Alltags allzu rasch übersehen kann oder gleich wieder vergesse. Manchmal ist es so, dass ich erst wahrnehme, wieviel mir etwas bedeutet, wenn ich es verloren habe: Meine Gesundheit zum Beispiel oder die Zeit mit meinen Kindern, als sie noch klein waren. Leide ich unter Zahnschmerzen, wäre mein größtes Glück, würde der Unterkiefer aufhören zu wummern. Ist aber endlich alles wieder in Ordnung, habe ich nach fünfkommazwei Atemzügen vergessen, dass ich ja eigentlich glücklich sein wollte – mmh! Jeder berühmte Weisheits- oder Meditationslehrer drückt es ähnlich aus: „Wir alle leben in der Illusion, dass unser Leben ewig währt. Nur darum verschwenden wir einen Tag nach dem anderen, Woche für Woche, Monat für Monat, füllen es mit Besitz und anderen Belanglosigkeiten, sind unachtsam und undankbar!" Wenn ich mir vorstelle, ich würde nur noch einen Monat leben, was würde ich tun? Wen würde ich noch einmal treffen wollen, mit wem meine letzten

Momente verbringen? Wäre nicht jeder Augenblick wertvoll? Es ist nicht selbstverständlich, dass ich morgen früh wieder erwache. Sollte ich nicht dankbar sein, wenn ich die Augen aufschlage? Wäre es nicht das Normalste der Welt dann lauthals „Juchhei!" zu schreien? Anschließend, wenn sich mein Herz etwas beruhigt hat, greife ich zum Handy – freue mich über diese Errungenschaft der Technik, über ausreichend Guthaben, Akku und WLAN – und rufe jene drei Menschen an, die mir am meisten bedeuten. Wenn ein Jeder davon ans Telefon geht, also an diesem Morgen ebenso aufgewacht ist, ist das doch Grund zu feiern, oder etwa nicht?

In der Betriebsamkeit des Alltags, geht mein Blick für „das Beste" oft verloren, ich nehme mir oft kaum die Zeit, innezuhalten, doch gerade das wäre wichtig, um mich auf das Wesentliche zu konzentrieren, mir mehr Zeit für das Beste in meinem Leben zu nehmen. Ein Beispiel: Ich hatte einen langen Tag, voll von eigentlich nichtigen Widrigkeiten, aber litt sehr unter ihnen. Elefantengroße Mücken schwirrten mir durch den Kopf, bis ich diesem Anruf: Mein acht-jähriger Sohn ... angefahren vom Auto ... liegt im Krankenhaus. Wie ich dort ankam und hörte, dass sein Fahrrad einen Totalschaden hat, mein Sohn aber ohne einen Kratzer davongekommen war, fielen alle „Mücken" auf einen Schlag zu Boden. Nichts war mehr wichtig, außer das Beste, Wesentliche: Diesen kleinen, wunder-schönen Menschen auf meine Arme zu nehmen, ihn fest an meine Brust zu drücken und mit ihm gemeinsam zu weinen & zu lachen!

In der Sage der „Frauenruhwiese von Ellrich", steht der wütende, aufgewiegelte Bauernmob vor Burg Hohnstein und verlangt, dass der Graf herauskommen soll, seine verdiente Strafe zu erhalten. Die beim Volke beliebte Gräfin bittet aber um ihren eigenen freien Abzug, der gestattet ward. Mitnehmen dürfe sie aber nur, was sie tragen kann. Sie entschied sich für's Beste: Ihren Mann, den Grafen!

Übung: Das Beste

Was waren meine besten Augenblicke, meine Glücksmomente? In Gedanken blättere ich mein geistiges oder ganz reales Fotoalbum durch. Übrigens eine geniale Erfindung der positiven Selbstmanipulation: Das Fotoalbum! Darinnen sind nur wundervolle Erinnerungen vermerkt, nur die besten Momente (denn all das Dramatische klebt niemand ein). Bei jedem Durchblättern hebt sich meine Laune: Hier die berührendsten „Top Ten" meines Lebens?

 # Übung: Glücksmoment

In vielen Sagen spielt der Kuss eine große Bedeutung: Der Kuss erlöst Prinzessin Ilse; schenkt Reichtum, Kraft und Schönheit, wie in der Sage der Jungfer vom Hohnstein; macht wieder jung oder lässt jung bleiben! – Eine glückliche Erinnerung beschenkt uns mit allem!

Vielleicht möchte ich an meinen ersten Kuss denken … oder an einen anderen Moment, in dem ich mich voll und ganz geliebt fühlte, so glücklich war, dass ich hätte vor Glück platzen können. Erinnere ich mich daran mit allen Sinnen, ist auch das Glück wieder präsent!

Übung: Schönes betrachten

Sich an Schönes zu erinnern, sich in glückliche Momente hineinzufühlen ist lediglich ein Türöffner. Aus einer schlechten Laune heraus ist es kaum möglich, Schönes im Hier & Jetzt zu finden. Ich muss also erst einmal eine andere Perspektive einnehmen. „Glück ist eine Sichtweise auf die Dinge!", lässt Francois Lelord seinen Helden Hector, auf dessen „Suche nach dem Glück" erkennen, der am Ende seiner Reise erfährt: Glück findet man nicht im Gestern oder im Morgen. Glücklich ist nur derjenige, der in diesem Moment ganz wach und achtsam ist! Glück liegt darin, in den kleinen Dingen des Alltags, dem Weg zur Arbeit, im Gesicht eines Passanten, Schönes zu entdecken – Memo an mich: „Augen auf!"

_____

_____

_____

_____

_____

_____

_____

_____

Gib jedem Tag die Chance, der schönste deines Lebens zu werden! (Mark Twain)

Monde & Jahre
vergehen, aber...

...EIN SCHÖNER
MOMENT
LEUCHTET DAS
GANZE LEBEN
HINDURCH.

Franz Grillpanzer

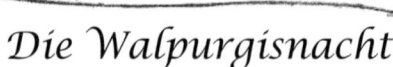

Die Walpurgisnacht

Zur Walpurgisnacht, jener dunklen Weile, in der die Schattenseelen auf den Wallburgen zusammen tanzten, kamen seit jeher von nah und fern die Zauberweiber zum Hexenplatz geritten, um sich aufs Neue dem Teufel anzudienen, ihm den Pakt zu schwören und mit ihm zu buhlen.

Das war ein Sausen und Brausen in der Luft, dass die Angsthasen irrewurden und sich lieber in den Hütten verbargen. Die Hexen aber trafen sich alle oben auf dem Tanzplatz über Thale und harrten still der Dinge. Allein das Feuer durchbrach knisternd die gespenstige Stille und immer wieder hell und garstig auflodernd die alles Gute verschlingende Dunkelheit. Wie aus dem Nichts quoll ein dichter Nebel aus dem größten Felsen und obenauf saß der Gehörnte. Wer sich am Teufelswaschbecken, unten im nebelverhangenem Bodetal mit Stierblut geweiht und dem Urian nun einen Kuss gegeben hatte, der spürte dessen Kraft nun in sich aufwallen. Jeder Gedanke wurde wahr, sobald er in Formeln gebannt in die Winde geschrien und jedes Gefühl ward zu einem Sturm, der die Menschen unten im Tale aus sanften Träumen schreckte oder im Gebet erzittern ließ.

Oh, für die Unkeuschen unter der Menschen wäre es ein lustiges Fest gewesen, ganz ohne fromme Normen und feste Regeln, bei dem jeder den anderen nach Leibeskräften liebgewann, bis irgendwann im Moos ermattet, ein Jeder über oder unter dem anderen lag. Am andern Morgen hievte man den Maibaum in die Gerade, daran prangte ein Kranz aus gebundenem Korn des Vorjahres. Ein Symbol für die heilige Hochzeit von Gott & Göttin, von Mann & Frau, geschmiedet durch die gemeinsam in Liebe durchwachte Nacht ...! Jeder, der den Stamm berührte, spürte die Kraft der Vereinigung von Himmel & Erde. Noch heute nehmen Hellsichtige den Zauber wahr, der vom Opferstein in der Walpurgishalle auf dem Hexentanzplatz ausgeht, gibt er ein Geschenk hinein & seinen Wunsch in den Wind!

Der Nagelstein

*E*in Unfreier hat als Knecht eines Bauern in Sangerhausen viel einstecken und alle Launen des mürrischen Herren anstandslos ertragen müssen. Als der Diener wieder mitten in der Nacht geweckt und wegen Belanglosigkeiten losgeschickt ward, kam er an der Stelle an, die heute das Weinlager heißt. Hier gewahrte er vor sich auf dem Wege ein helles Leuchten. Wie er diesem nachging, wurde er vom Wege ab ins Unterholz und dann in eine kleine, rundum gemauerte Höhle geführt. Er rieb sich die Augen, denn was er hier sah, wollt' er nicht glauben: In dem Keller standen unzählige, schöne gänzlich gläserne Behältnisse, bis zum Rande mit blutrotem Wein gefüllt. „Nimm dir, was du magst und tragen kannst. Du hast es längst mit deinem Blut und Schweiß verdient!", hörte er, ohne dass der Knecht jemanden sah, der gesprochen hatte.

Er ließ sich's nicht zweimal sagen, nahm drei Flaschen mit, trug sie in seine Kammer und trank noch zur Stunde eine aus und es schmeckte so gut, weit besser als alles, was er jemals vorgesetzt bekam und er genoss und schlummerte ein, selig träumend von besseren Zeiten.

Am anderen Morgen erwachte der Knecht mit Peitschenhieben. Der Herr stand über ihm, schlug und schrie und schimpfte den Knecht einen Halunken: „Woher hat er die gläsernen Behälter? Sicher gestohlen den kostbaren Wein?" – „Aber nein, mein Herr, gefunden hab' ich's, im Weinkeller!" Noch zur selben Stunde, schliff man den als Dieb beschuldigten zur angegebenen Stelle. Zwei Büttel und einige andere, angesehene Bauern waren hinzugerufen worden, um den Übeltäter am besten gleich vor Ort abzuurteilen. Wie der Knecht nun suchte und suchte, den Weinkeller aber nicht wiederfand, da forderte der Bauer eine harte Bestrafung, am besten den Galgen und dachte bei sich, auf diesem Wege, die anderen zwei kostbaren Flaschen und den Wein für sich behalten zu können. Da bat der Knecht um Gnade und sagte: „Bei meinem Worte: Sage ich die Wahrheit, so werde ich einen Eisennagel mit nur einem Schlag in diesen Felsen treiben." – „Recht so!", sprachen die anderen Bauern, ein Gottesurteil gutheißend.

Wie der Knecht nun an dem aufgerichteten Stein stand, einen Nagel ansetzte, Gott um Beistand ersuchte und zuschlug, da ging der Nagel kerzengerade in den Felsen. „Als wenn der aus Butter wär'!", staunten alle Bauern und wussten nun, dass der Knecht Recht hatte. Wie sein Herr das aber sah, schmiss er aus Zorn die beiden letzten Flaschen zu Boden, so dass der teure Rebensaft im Dreck zerfloss. „Scherr' er sich auf meinen Hof, ... da Gnade dir Gott ...!" – „Haltet ein Bauer", erwiderten die anderen, „Wie willst du den Schaden am Gut deines Knechtes, zu zerschlugst ihm eben die kostbaren Weingefäße, begleichen?" – „Begleichen? Mit Schlägen, werd' ich ihm alles doppelt vergelten ...!", keifte der Böse, ward aber gleich von den anderen zurechtgewiesen: „Den Fehler willst du nicht eingestehen? Dann soll gleich hier am Nagelstein, dein Urteil eingeschlagen sein! Treibst du den Nagel gerade hinein, so sehen wir deine Unschuld ein. Geht er jedoch krumm – zu dumm – dann kriegt der Knecht noch heut' dein Heim!"

Ein einziger Hammerschlag hatte an diesem Tage alles auf den Kopf gestellt: Der reiche Bauer, der seinen Nagel verbog, wurde mit Schimpf und Schande aus Sangerhausen gejagt, der arme Knecht in den Bauernstand erhoben, der Nagelstein noch oft für Gottesurteile gebraucht, das Weinlager aber von da an täglich nach Gottes bestem Rebensaft durchsucht!

Wer heute am Nagelstein nach seinem Glück sucht, braucht keinen Nagel mehr einzuschlagen – der kuriose Stein soll schließlich noch lange erhalten bleiben. Der Wünschende braucht, so wollen es die Sagen, seinen Traum nur fest im Sinne haben und einen eingeschlagenen Nagel berühren. Damit würde die Kraft des einstigen Erfolges auf den neuen Wunsch übergehen! *(aufgeschrieben von Kiehne in „Sagenhafter Südharz")*

Der Steinmetz von Scharzfeld

Oh, sein ganzes Leben war ein hartes Los, so kannte er es, seitdem er denken kann. Auch Mutter und Vater hatten zu wenig zum Leben aber gerade zu viel zum Sterben. Nun war er zum Manne herangereift, was ihm nichts nützte, denn seiner heimlichen Liebe, konnte er nicht den Hof machen. Womit auch? Sie kam aus gutem Hause, war die Tochter eines angesehenen Bürgers aus Scharzfeld und, wer war er? Er hütete die Kühe, die Schafe und verdingte sich nebenbei als Steinmetz, was ihm trotz Können nur leidlich Freude bereitete.

Öfter sah er die reichen Bauern des Ortes umherstolzieren, manchmal sogar den Grafen Scharfelds auf dem Rosse vorbeireiten. „Oh, der hat es gut getroffen, dachte der Steinmetz bei sich. Er hat Geld genug und Titel und Ansehen und alles geht auf die Knie vor ihm. Ich will Graf sein!", dachte sich der Mann und, wie aus heiterem Himmel, saß er auf dem Ross, hatte ein edles Gewand am Körper und sah sich verwundert um.

Der eigentliche Graf von Scharzfeld saß verdattert in Steinmetzentracht zwischen den Viechern und wusste nicht so recht, was mit sich anzufangen. „Seltsam dieser Zauber, aber gut!", dachte der Steinmetz, der jetzt Graf war und regierte. Alles warf sich in den Dreck vor ihm. Sein Wort war Gesetz, er hatte die Macht. Doch der Tag war heiß und ward immer heißer. Unbarmherzig brannte die Sonne hernieder, so dass alle Untergebenen des Grafens ihr Heil in den schattigen Hütten suchten. Der Marktplatz von Scharzfeld war wie leergefegt, keiner war mehr da, dem Grafen zu huldigen und ihm war's selbst zu heiß, Befehle zu geben. „Die Sonne ist mächtiger als ich, der Graf, ich möchte Sonne sein!" und plötzlich war der Steinmetz, der Graf war, die liebe Sonne selbst und strahlte und strahlte. Doch was war das? Eine Wolke schob sich zwischen Sonne und Erde.

„Die Wolke ist mächtiger als ich, die Sonne? Ich will Wolke sein!" So war der Steinmetz plötzlich die Wolke, die aber vom Winde weggepustet wurde, worauf der Mann sich entschied Wind zu sein und sein Wunsch auch in Erfüllung ging. Ach, was war das eine Freude zu pusten, sanft die Blümlein zu küssen aber auch zu stürmen, die Bäume umzublasen und die Dächer der Häuser wildentschlossen abzudecken – „Harharhar!" – Aber was war das? Als Wind blies und pustete er, doch ein gewaltiger Berg ließ sich nicht umblasen, wie sehr er sich auch bemühte. „Ich möchte dieser Brocken sein …", sagte der Steinmetz und war's plötzlich auch, noch bevor der Wunsch sein Ausrufezeichen bekam. „Nun, als Brocken, bin ich endlich das mächtigste Ding von allen!", lachte der Mann und spürte tief, ganz tief unten im Tal an seinem Ausläufer ein unaufhörliches, feines und doch zugleich markdurchdringendes „Pockpock-pock". Am Fuße des Berges saß bei Scharzfeld der Graf, der jetzt Steinmetz war und schlug Stück für Stück Steine aus dem Felsmassiv. „Was, ein Steinmetz ist mächtiger als ich der ewige Fels? Ich möchte wieder Steinmetz sein!", wünschte sich der Mann.

Da war alles wieder so, wie früher … oh nein, war es nicht, denn der Steinmetz er lächelte zufrieden und liebte nun seine Arbeit. Aus dem Felsen pickte er einen Raum, aus dem eine Kirche ward und die Scharzfelder staunten nur so, wie leicht dem Steinmetzen alles von der Hand ging. Bald fertigte er reichen Bauern Bildnisse an und erschuf selbst dem Grafen in Stein gehauene Wunder.

Nun gab er sein Bestes, jeden Tag, was sein Können steigerte und Zufriedenheit nach sich zog. Weil er zufrieden war in seinem Tun, fühlte er sich reich, was wiederum Reichtum schaffte und in seinem neuen Wohlstand bat er die Liebste um ihre Hand, die sich in seinen leuchtenden Augen verlor und glücklich lächelnd wiederfand!
(aufgeschrieben von Carsten Kiehne nach Manuela Petri)

„Zufriedenheit ist der Stein der Weisen,
der alles in Gold verwandelt das er berührt.“
(Benjamin Franklin)

Der Wunschbaum

Einst hatte sich ein Wandersmann nahe dem Flecken Suderode verlaufen und machte Rast, weil ihm ja nichts anderes übrig blieb. Er setzte sich unter einen uralten, ausgehöhlten Baum und klagte dem Wind sein Leid. Ach hätte er doch bloß ein gutes Mahl dabei, und einen Trank – ja er war dem Verdursten nahe. Und plötzlich, ... wie aus dem Nichts heraus, fasste er in der einen Hand ein sattes Stück Gebratenes und in der anderen einen Kelch mit vorzüglichem Wein. „Ich wünschte das Mal würd' nie enden!", sprach er zu sich selbst und aß und aß, trank und trank, ohne nach dem Woher zu fragen und tatsächlich ... so viel er auch verzehrte, der Reichtum fand kein Ende. - Reichtum? „Ja!", meinte er: „Bei meinem Glücke, finde ich noch einen Schatz." Und prompt, als er die Hand vom Schmaus am Grase abwischen wollte, klimperten da goldene Münzen am Boden - er traute seinen Augen kaum: Die Wurzel des Baumes war hohl und darin lag ein unermesslicher Hort!

„Oh weh!", sprach er da, „Gewiss werden Räuber kommen und mir all das Golde nehmen, so ein Fund bleibt nicht lange unbemerkt!" Und kaum hatte er zu Ende gedacht, da kam Diebesgesindel auf ihn zugeritten. Voller Spott nahmen sie ihm alles: Das Gold, den Wanderstock, die Kleidung, ja selbst seine Unterbuchse (welche die Räuber zwar nicht zu gebrauchen trachteten, sich wohl aber ihren Spaß mit dem rot anlaufenden Wicht machten).

Sie waren kaum fortgeritten, da fluchte der Wanderer auf den Tag, dass es ein solch lautes Echo gab, dass die Täler es ihm hundertfach zurück warfen: „Schei ... e!", fluchte er, „Dreimal klebrige Adlersch ...!", er konnte seine Schimpftirade nicht mehr beenden, denn über ihm auf dem Baume, saß der Adler, den er sich

unabsichtlich herbei gewünscht hatte und der es eben in diesem Momente für angebracht hielt, sein Abendgeschäft zu verrichten. ...

... Ich möchte Ihnen das Bild des Mannes, der direkt darunter stand, und seine neuerlichen Flüche gerne ersparen. Zuletzt frotzelte er nur mit hängendem Kopf in die aufkeimende Abenddämmerung hinein, dass doch nun auch ruhig wilde Tiere kommen könnten, um ihn zu zerfleischen – es wäre ihm gleich!

Das Knurren der hungrigen Tiere des Waldes war von Weitem schon zu hören und ihn selbst sah man nur noch die Beine in die Hand nehmen und gen Suderode laufen – so schnell, wie dieser ward noch nie ein Wanderer gelaufen. Gefressen wurde er natürlich nicht! Wie hätte er sonst seine Geschichte weitererzählen können? Ich aber bitte euch inständig: Wenn ihr durch Zufall unter diesem Baume sitzt, dann wählt eure Gedanken und Worte mit Bedacht oder gebt den guten Wunsch am besten an den ärgsten Widersacher weiter!
(aufgeschrieben von Kiehne in Sagen & Märchen um & über Bad Suderode)

Gedanken zum Wünschen

Viele Harzer Sagen erzählen auf die ein oder andere Art und Weise vom Wünschen.

Es gibt günstige Zeiten, unsere Jahresfeste zum Beispiel und kraftvolle Orte, die zumeist gleichzeitig die sagenumwobenen Plätze sind, welche das Wünschen begünstigen. Insbesondere sollen es Bäume, oft steinalte Eichen sein, an denen Gott unser Flehen erhört, wie z.B. an der Schäfereiche bei Bad Suderode, der Flehmüllers Eiche nördlich von Nordhausen und der Beteiche südlich von Ballenstedt. Auch besondere Steinsetzungen könnten helfen, dass unsere Wünsche in Erfüllung gehen: Die Rosstrappe über Thale ist solch ein Wunschort, der Mägdesprung im Selketal, der Großvaterfelsen bzw. der Opferstein am Schweinskopf der Teufelsmauer, der Teufelsstein auf dem Olberg bei Bad Suderode, wie auch die Teufelsmühle bei Friedrichsbrunn. Die Liste ließe sich beliebig erweitern: Auf Femgerichtsorte, Lügensteine, Menhire oder Nagelsteine (in Hettstedt, Aschersleben, Ermsleben oder der Sangerhäuser Sage). Nimmt man alles zusammen & sucht nach einem gemeinsamen Nenner, sollte der Wünschende folgendes berücksichtigen:

- Ich sollte den Wunschort mit Demut betreten, ihn vorher bitten, mich nähern zu dürfen & seine Antwort erlauschen;
- … ein Opfer/Geschenk mitbringen, um den Ort zu ehren; …
- … ein reines Herz haben (Angst & Ärger bewirken, dass ich zurücksehe, sie halten mich in der Vergangenheit, womit meine Kraft vergeht – Sagen sprechen von Versteinerungen);
- … den Geist frei machen (Bin ich voller Sorgen, gelingt es mir nicht, mich mit dem Ort & den „guten Geistern" zu verbinden. Sorgen & Nöte rufen den Teufel … & der will immer das Eine!);

- … etwas Gescheites wünschen & positiv formulieren; …
- … im besten Fall an die Wunscherfüllung glauben …
- … und mich im Anschluss bedanken!!!

Das Wünschen hat also unter Umständen einige Tücken, denn womöglich wird der Wunsch wirklich war. Wer kann sich schon sicher sein, dass sich das ersehnte Glück, nicht ins Unglück verkehrt?. „Nicht zu bekommen, was man will, ist manchmal ein großer Glücksfall!", weissagt der Dalai Lama lächelnd. Wenn ich meine Gefühle nicht vorher geklärt habe und nicht Herr meiner Gedanken bin, ich meine Gedanken also nicht loswerde, werden sie mein Los, schreibt Kurt Tepperwein in seinem Buch „Mentaltraining".

Jeder Gedanke ist pure Energie! Wenn ich etwas immer wieder denke, bekommt der Inhalt eine stetig wachsende Kraft. Julia Engelmann erinnert mich mit ihrem wundervollen Lied „Grapefruit" daran: „Denn weißt du, Dinge werden wahr, wenn man sie oft genug sagt, sie oft genug [denkt] … heute wird ein schöner [Tag] …, wenn du fest daran glaubst, wirst du glücklich …!" Wenn ich jedoch selbst daran glaube etwas nicht schaffen zu können, unheilbar krank oder einfach nicht liebeswert zu sein, wenn ich in negativen Gedanken-spiralen festhänge, mich über die Politik aufrege, mir immer wieder und wieder sage, was nicht geht, was nicht sein kann; wenn ich meinem Arsch-Engel die Pest an den Hals wünsche …- oops, dann lasse ich meinen Gedanken freien Lauf, gebe ihnen Kraft und diese Kraft wirkt entweder gegen oder für mich, je nachdem!

Ich hatte zuerst auch Schwierigkeiten zu glauben, dass meine Gedanken die Welt um mich herum beeinflussen können, … bis ich merkte, wie wunderbar schwarz ich meine Welt malen kann … oder, dass ich im Cafè eine Person nur lang genug anzugucken brauche, bis sie das spürt und sich zu mir umwendet. Manchmal denke ich fest an einen geliebten Menschen und plötzlich klingelt das Telefon … und, wer ist dran?! ☺ Ein Zufall? Mitnichten!

Übung: Richtig wünschen

Zuallererst darf ich mich fragen, was sich in meinem Leben zum Positiven hin verändern darf! Ein Wunsch sollte immer kurz, positiv und so formuliert sein, als hätte er sich bereits erfüllt: „Ich fühle mich mit jedem Tag besser und besser!", „Danke für meine Gesundheit!" oder „Jede meiner Zellen ist ganz und gar gesund!" (Nicht: „Ich möchte nicht mehr krank sein!" oder „Ich möchte gesund werden!" – ein „Nicht" versteht mein Geist nicht & ein „Werden" bezieht sich auf Zukünftiges, doch der Gedanke soll Hier & Jetzt zu wirken beginnen!

_____

_____

_____

_____

Solche Hin-zu-Ziele bzw. „Positive Affirmationen" wirken, weil ich mich möglichst oft in Gedanken auf das ausrichte, was sein soll! Dabei kann mir jeder erdenkliche Satz gut dienen: „Ich erlaube mir, dass heute der schönste Tag meines Lebens sein kann!" oder: „Ich entscheide mich, glücklich zu sein!", besser: „Ich bin Glück!" – Mein Wunsch sollte gewisse Kriterien erfüllen: Ich sollte ihn mir glauben, er muss passend, also am besten von mir selbst formuliert sein. Er darf niemandem schaden und sollte sich nur auf mich beziehen: „Ich bin liebenswert!" (Nicht: Ich möchte, dass sie oder er mich liebt!") Steht ein anderes meiner Anliegen dieser Wunscherfüllung im Weg? Habe ich die Konsequenzen bedacht, die eintreten, wenn er sich wirklich erfüllt? (Bsp.: Vielleicht „muss" ich wieder arbeiten gehen, wenn ich gesund bin?) Nicht zuletzt: Hat dieser Wunsch gerade absolute Priorität & damit meine ganze Aufmerksamkeit?

 *Übung: Das Wunder erleben*

Ein Wunsch ist nicht halb so effektiv, wenn er ein reiner Gedanke bleibt. Die Sagen und alle Rituale unserer Ahnen sprechen davon, dass es darum geht, „berührt" zu sein. Ein Film oder Musikstück das mich nicht berührt, ist geradezu langweilig. Es muss mich „bewegen", um in Bewegung zu kommen. Ein wirklich guter Wunsch berührt mich tief in meinem Herzen und sobald ich die inneren Bilder in mir sehe, kann eine Person, die mich von außen beobachtet, mich lächeln und leuchten sehen. Mentaltrainer sind sich einig, dass die Dinge mich am ehesten bewegen, die ich in „bewegenden Bildern" sehe. Sie raten, mir vorm inneren Auge meinen persönlichen Glücksfilm immer wieder (z. Bsp. als tägliches Morgenritual vorm Aufstehen) abzuspielen!

Ein Beispiel: Hat sich ein Hochleistungssportler das Bein gebrochen und liegt im Krankenhaus, trainiert er im Geiste. Er hat eine Strecke vorm inneren Auge, die er wirklich Schritt für Schritt abläuft. Mit allen Sinnen fühlt er die Anstrengung, sieht die Umgebung, riecht die frische Luft, … schwitzt wirklich im Bett liegend … und das Wunder: Seine Muskulatur atrophiert nicht, nimmt nicht ab, trotz Bewegungslosigkeit und die Selbstheilungskräfte wirken im Höchsttempo!!!

Eine der wirkungsvollsten Imaginationen ist die „WUNDERFRAGE" – hierbei stelle ich mir vor, fünf Jahre sind vergangen, ich wache auf und stelle plötzlich fest: Alles hat sich, wie durch ein Wunder zum Positiven verwandelt. Wie fühle ich mich & was ist alles anders?

Unsere Sprache ... ein Schatz!?

Träume sprechen in Bildern zu mir, weiß ich und erinnere mich an die Sage vom Traumminister. Da lässt der Regensteiner Graf seinen Traum deuten und sein Minister sagt: „Es bedeutet, dass jeder Mensch den du liebst vor dir stirbt!" Diese Botschaft missfällt dem Grafen, worauf er den Minister entlässt & einem anderen Mann den Posten gibt. Der deutet den Traum folgendermaßen: „Ich sehe darin, dass ihr ein langes, reiches Leben habt & viele eurer lieben Menschen überdauert!"

„Im Anfang war das Wort", heißt es in der Bibel (Joh 1,1) und betont, dass in unserer Sprache eine heilige Kraft verborgen liegt, ein Sprachschatz quasi. Doch, wie reich dieser Schatz macht, entscheiden die Worte, die ich täglich nutze, denn jedes einzelne Wort wirkt auf Körper, Geist und Umwelt. Wenn ich z.B. meinen kletternden Kindern zurufe: „Seid vorsichtig, fallt bloß nicht runter!" Meine Angst überträgt sich prompt und sie werden unsicher. Besser wäre sicherlich, meine Angst wahrzunehmen, zu atmen und zu wünschen: „Klasse macht ihr das. Bitte haltet euch gut fest!"

Die Sprachwissenschaftlerin Mechthild Scheurl-Defersdorf schlägt in ihrem Buch „Jedes Wort wirkt" das faszinierende Experiment der „Wortprobe" vor. Anders aber als bei einer Weinprobe, prüfen wir beim Reden selten, was wir schlucken und, ob uns das Gesagte guttut. Sie empfiehlt einen bequemen Sitz und geschlossene Augen, während mir eine Person folgende Wörter vorliest. Welche Gefühle entstehen beim Lauschen spontan in mir: „Quelle – Quellwasser – Apfelbaum – Familienfeier – behutsam – Telefon – schnell – müssen – wohlwollend – gütig – Dankbarkeit!" Welche Wörter tun mir gut? Wie oft benutze ich sie aktiv? Und, welche Wörter belasten bzw.

stressen mich? Sie sind häufiger in meinem Wortschatz, oder? Damit Sprache nicht verarmt, schlägt sie u.a. folgende Tipps vor:

- *Ich-Aussagen* (statt „man" oder „Du"): Ich spreche von mir, bin präsenter, kann besser von meinen Gefühlen & Wünschen sprechen und sie Anderen bewusst machen. Wichtig dabei: Ich bilde ganze Sätze: „Ich danke ihnen!" (statt „Danke"), frei nach dem Motto: „Ganze Sätze, ganzes Glück!" ;-)
- *Positive Ziele:* „Ich möchte gesund sein!" oder „Ich bin gesund!" (statt: Ich möchte nicht mehr krank sein!"); Fokussierung des pos. Inhalts: „Ich hab noch keine Lösung!" (statt: „Das schaffe ich nicht!") oder „Das lösen wir schnell!" (statt: „Kein Problem!")
- *Verneinungen streichen:* „Mir geht's gut" (statt: Mir geht's nicht übel!), „Ich bin dafür!" (statt: Ich habe nichts dagegen!)
- *Mit Verneinungen spielen:* „Das war nicht mein schönster Tag!" (statt: Der Tag war beschissen!; unser Verstand versteht das „Nicht" nicht, so bleibt „schönster Tag" hängen); „Das ist mir noch nicht geglückt!" (das Füllwort „noch" setzt stillschweigend Vertrauen voraus: Früher oder später wird es mir gelingen!)
- *Ich muss gar nichts* … außer … lieben! Was ich machen „muss", setzt mich unter Druck. Besser wäre: „Ich entscheide mich für …!" oder neutral in Futur formuliert: „Ich werde … tun!"
- *Negative Etiketten weglassen:* Wörter, wie faul, egoistisch, schwierig & nutzlos, lass ich im Wind verwehen!
- *Kraftvolle bzw. originelle Worte* gebrauchen (Statt Krafträubern): „Oh, ein sehr verhaltensorigineller Mensch!" (statt: Was für ein Spinner!"), „Da sehe ich gewisse Herausforderungen!" oder „Das ist spannend!" (statt: Das ist ja fürchterlich.)

- *Pos. Schwingende, wertschätzende Wörter* sammeln & nutzen: Verben: tanzen, lachen, lieben, danken, atmen, wünschen, genießen, träumen, entdecken …; Adjektive: gut, angenehm, friedlich, kostbar, wundervoll, glücklich …)
- *Bildhafte Sprache (Metaphern)* verwenden: „Jeder ist seines Glückes Schmied"; „Der Ton macht die Musik"
- *Reframen:* Eine Umdeutung aus dem Alltag ist das Sprichwort „Scherben bringen Glück" – aus dem zerbrochenen Geschirr wird etwas Positives. Beim Reframen geht es darum, neue Sichtweisen zu bekommen. Wenn ich mich z.B. über den Nachbarn aufrege, der sehr egoistisch und aufbrausend ist, frage ich mich, wofür diese Qualitäten stehen: Wer egoistisch ist, achtet auf & kümmert sich um sich, so dass er nicht zu kurz kommt. Aufbrausend zu sein, hilft mir, mich kraftvoll durchzusetzen. Was haben diese Qualitäten mit mir zu tun, was spiegeln sie wider? In welchen Situationen wäre das durchaus wichtig & sinnvoll?

„Achte auf deine Gedanken …
denn sie werden deine Worte,
Achte auf deine Worte,
denn sie werden Handlungen.
Achte auf deine Handlungen,
denn sie werden Gewohnheiten.
Achte auf deine Gewohnheiten,
denn sie werden dein Charakter.
Achte auf deinen Charakter,
denn er wird dein Schicksal!"

(Talmud)

Übung: Innere Vorbereitung

Alle Sagen vom Wünschen warnen ausdrücklich davor, einen solch altheiligen Ort nicht unvorbereitet aufzusuchen. Der Kraftort würde nämlich einfach bekräftigen, was in mir ist: Angst, chaotische Gedanken? Herzlichen Glückwunsch! 😊 Zum Glück erzählen unsere Ahnen, wie ich mein Herz reinigen & meine Gedanken klären kann:

Das Füße-, Hände- & Gesicht-Waschen (in vielen Kulturen gibt es „heilige Waschungen" vor besonderen Lebensphasen oder Schicksalsschlägen) oder Untertauchen in einem See oder einer Quelle, das Trinken frischen Quellwassers mit anschließendem Sonnen- oder Waldbad (das Waldbaden „Shinrin-Yoku" ist gerade im Trend) würde helfen, innerlich & äußerlich rein zu werden, besonders wirkungsvoll wohl an Oster- oder Pfingsttagen!

Es den Bäumen gleich machen, hilft mir stets unglaublich rasch, mich zu erden und mich an das große Ganze anzubinden. Ich stelle mir vor, wie Wurzeln aus den Füßen wachsen und sich tief im Erdboden verankern. Dann hebe ich meine Arme gen Himmel, strecke mich, werde groß & atme mit jeder Pore einige Minuten lang die frische Waldluft tief in mich ein.

Sühnekreuze, so die Sagen, erinnern mich daran, dass das Leben endlich ist. Auch der Schmerz vergeht, wie die Last, die ich mir selbst aufbürgte. Ich kann, mit einer Hand auf dem Herzen & der anderen am „Seelenthron", darum bitten, wieder frei & leicht zu sein!

Wenn du einen
Menschen glücklich
     machen willst, füge
nichts seinem Reichtum
hinzu, sondern nimm ihm
einige seiner Wünsche,
denn GLÜCK IST
SELBSTGENÜGSAMKEIT.

Epikur und Aristoteles

Vom Lachen

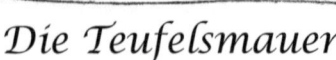

W as haben der chinesische Kaiser *Qín Shǐhuángdì (gesprochen: Tsching Schi-ö-uang-di)*, der DDR-Staatsratsvorsitzende Ulbricht, der Präsident der USA Trump & der Teufel gemeinsam?"

So könnte ein Witz anfangen, doch ist es keiner: „Sie dachten, sie könnten mit Mauern ihre Reiche beschützen!" In Zeiten politisch brisanten Lagen waren also Ärger und Angst, die Ratgeber, die den Staatsoberhäuptern höhnisch zuflüsterten: Brecht alle Brücken ab, die euch zueinander führen und baut aus den Steinen lieber hohe, lange Schutzmauern, die euch trennen! So hielt es dann auch der Teufel, als er sah, dass christliche Kirchen und Klöster immer dichter an seinen Harz herangebaut wurden. Er wettete mit dem lieben Gott, dass er in nur einer Nacht vorm ersten Hahnenschrei eine gewaltige Mauer um den Harz errichten könne. Gott ließ sich darauf ein, dass alles, was innerhalb dieser vollendeten Mauer liegen würde, auf alle Zeit dem Höllenfürsten zu eigen wäre. So begann Urian auch gleich, schleppte rasend schnell Steine herbei, worauf das Bollwerk in die Höhe und Breite schoss.

Wie die Mauer fast fertig war, kam eine Frau aus Weddersleben, die wollte zur Nachtstunde nach Neinstedt gehen, dort am Markttag den Hahn zu verkaufen, den sie in ihrer Kiepe auf dem Rücken trug! Plötzlich versteinerte sie mit nicht allzu cleverem Gesichtsausdruck. Vor ihr versperrte eine himmelhohe Mauer den Weg und obenauf saß der Teufel. Sie stockte, wankte zurück, stolperte, fiel rücklings zu Boden, aus ihrer Kiepe heraus, kollerte der Hahn und schrie sein empört-erschrockenes „Kiekerikiki".

Der Teufel, der das hörte, fluchte wild, meinte er doch, der Tag wäre angebrochen und er hätte die Wette mit Gott verloren. Wütend schmiss er den letzten Felsen, den er zur Vollendung der Mauer benötigt hätte, in seine Mauer hinein. Wie Dominosteine fielen die hohen Steinwälle in sich zusammen. Da bemerkte er seinen Fehler: Der Morgen graute noch lange nicht. Doch woher kam der Hahnenschrei? Jetzt sah er die Bäuerin und den beleidigten Gockel, und ward so fuchsteufelswild, dass er einen Blitz auf das Federviech schmiss und selbst beleidigt entschwand. Die Bäuerin dachte nach dem kurzen Schreck nach: Ihr Hahn war tot, roch aber gar nicht übel. Geblitzt, gebraten und hier und da etwas nachgesalzen, würde man dem „Teufels-Broiler" auf den Mittelaltermärkten gute Geschäfte machen können. So war neben einem neuen Wahrzeichen im Harz, der Teufelsmauer, ganz nebenbei das Brathähnchen erfunden worden.

Die Strafe der Dummheit

*I*ch hörte, in Goslar habe einmal ein Bauer gelebt, der hat sich Zeit seines Lebens über sein Weib geärgert. Nein, es lag nicht daran, dass sie ihm nicht zu Willen war. Sie war einfach zu gescheit geboren worden und hatte obendrein die Frechheit, täglich dazuzulernen. Ihre einzige Dummheit war, mit Witz ihr Wissen vorm Gemahl zu verbergen. So schalt sie der Mann öffentlich, dass ihre Gabe wohl daher komme, dass der Teufel sie lehre. Beweisen konnte er's zwar nicht, doch glaubten es alle einfältigen Geister, gelte es schließlich als bewiesen, dass eine Frau nicht lesen und schreiben lernen sollte, da sich durch zu viel unnützes Wissen ihre Gebärmutter zurückentwickle. „Gegen eine Dummheit, die in Mode ist, kommt keine Klugheit auf.", dachte die Frau und bekam, wie ihr Mann das Zeitliche segnete, dessen Testament verlesen: „Den Erlös meines Hauses bekommt die Kirche, solang man für mein Seelenheil artig betet. Den Gewinn aus dem Verkauf der Kuh soll meine Geliebte kriegen, und alles Geld fürs dumme Schwein soll mein achso kluges Eheweib behalten. Sie wird schon wissen, mit dem Wenigen zurechtzukommen!"

Da machte sich die kluge, rechtschaffene Frau auch gleich daran, alle drei Dinge zu veräußern, um nur rasch das Testament gut zu erfüllen: Das Haus wolle sie für einen Pfennig verkaufen, die Kuh für zehn Groschen, das Schwein aber für 100 Goldmark – die einzige Bedingung an den Käufer, man könne nur alle drei Dinge zusammen erstehen. – So kam es denn schließlich, dass die achso kluge Frau schon wusste, wie mit dem Wenigen ein reiches Leben zu führen wäre. *(aufgeschrieben von Kiehne in „Sagenhafter Nordharz")*

Wie Narretei heilt

Albrecht der Bär, der u.a. Graf von Ballenstedt war, war gefürchtet bei seinen Feinden, bei seinen Untertanen aber bekannt als strenger, jedoch gutherziger und obendrauf weiser Mann, dem mitunter ein wahrer Schalk im Nacken saß.

Einmal ritt er mit einigen Waffenknechten durch seine Grafschaft, als der ganze Tross abrupt zum Stehen kam. Vor dem Pferd des Herrn lag eine Kuh quer über den ganzen Weg gestreckt, die wohl ihre besten Zeiten weit hinter sich hatte und eben im Begriff war zu verenden. „Kann sich das Viech nicht einen anderen Platz zum Verrecken suchen?", schimpfte einer der Landsknechte Albrechts die am Boden knieende und weinende Bäuerin an, „Sieh sie zu, dass sie das Schlachttier vom Wege kriegt, sonst kriegt sie eine …!" „Haltet an euch, Ritter", platzte Albrecht dazwischen, als er die verängstigte Frau sah, die ohnehin gerade größte Not zu leiden schien. „Was ist mit deiner Kuh?", fragte der Markgraf. „Mein Herr, verzeiht, sie hat gerade am Wegesrand etwas Schlechtes gegessen und ist zu Boden gegangen und rührt sich nicht mehr. Herr, wir haben nur das eine Tier. Lieber Gott, was ist mit ihr?" - „Frau, du weißt, ich bin als Medicus bekannt!", sagte der Graf, worauf sie still nickte, „Von einem alten Heiler im Orient, habe ich Solches erfahren, dass man heilend' Wunder tun kann, wenn man dreimal im Kreise, entgegen der Sonne, nackend um den Kranken springt und ruft, ‚Stück für Stück, drehe sich die Zeit zurück!', dann dreimal zum Himmel gestreckt und sich dreimal zur Erde gebückt, dann ist jedes Heilstück geglückt!" – „Danke, tausend Dank mein Herr!", rief die Frau mit einem Tränlein auf der Wange, entkleidete sich auch gleich vor all den Reitern und tat, wie ihr geheißen. Grinsend, aber ihren Augen nicht trauend, besahen die Leute dies Possenspiel und auch die Kuh, hob verwundert ihren Kopf. Als die Bäuerin dann aber nackend vor der Kuh kniete, hustete und prustete sie so, dass sie den verschluckten Gegenstand aus dem Rachen herausbekam und nach kurzer Zeit tatsächlich wieder auf den Beinen stand. Die Bäuerin weinte vor Freude und dankte jedem Einzelnen der sich in Bewegung setzenden Reiter. Du kannst Dir sicher vorstellen, dass die hohen Herren rechte Mühe damit hatten, sich das lautstarke Losprusten zu verkneifen, wie sie an der nackten Närrin vorbei-galoppierten.

Einige Monate später versank das Land in Trauer, denn in jedes Dorf war die Kunde gekommen, dass der Markgraf unheilbar erkrankt wäre. Kein Heiler fand die rechte Medizin. Auch der Bäuerin, deren einst geheilte Kuh draußen auf der Wiese das frische Grün schmatzte, hörte von Albrechts Not. Alsgleich machte sich die gute Frau auf den Weg zum Ballenstedter Schloss, stahl sich durch die Wachen hindurch ins Schlafgemach des Grafen, der dort bleich im Bette lag, umgeben von dutzenden der besten Heiler im Land. Ohne lang zu überlegen, ließ die Bäuerin alle Hüllen fallen, krakelte auch gleich „Stück für Stück, drehe sich die Zeit zurück!" und sprang mit diesen Worten und ihrem nacktem Hinterteil, dreimal entgegen der Sonne über das Bett des verwunderten Markgrafen, streckte sich anschließend dreimal gen Himmel, während ihre dicken Brüste dem Kranken vorm Gesichte baumelten und bückte sich dreimal zur Erde, wobei dem Heilerkreis ein tiefer Einblick in ihre entblößte Scham gewährt wurde. Beim Anblick der im Schock versteinerten Doktoren und der Erinnerung ans Possenspiel, das er einst mit jener Bäuerin getrieben, bekam Albrecht einen solchen Lachanfall, dass er alle Schwermut verlor und gesundete. - Da ward der Bäuerin eine zweite Kuh geschenkt und überall im Land bekannt gemacht, dass „der Bär" wieder wohlauf sei, weil Lachen die beste Medizin wär'!
(aufgeschrieben von Kiehne in „Die schönsten Sagen aus Ballenstedt ...")

Ich denke, jeder
von uns ist ein wenig
DURCHGEKNALLT.
Diejenigen aber,
DIE DAS ZUGEBEN
können, SIND DIE
GLÜCKLICHSTEN!

Carsten Kiehne

Gedanken zum Lachen

N ein, mein Leben hält nicht nur Sonnenstrahlen für mich parat. Nach den Hitzesommern der letzten Jahre vielleicht auch ganz gut, wenn's mal regnet. Sollte das nicht auch als Sinnbild für mein ganzes Dasein gelten? Oftmals hat mich das Leben schmerzlich gelehrt (ich möchte nur an das Wandermärchen „Glück oder Unglück" erinnern, dass sich das einstige Fiasko ins Gegenteil verkehrte:

Wenn ich einen Berg ersteige, sieht die Welt unter mir ganz anders aus. Erst aus dieser Perspektive fällt mir auf, dass Verlust des Arbeitsplatzes dazu führte, dass ich mich nun viel freier entfalten kann. „Egal, was kommt; es wird gut, sowieso. Immer geht `ne neue Tür auf, irgendwo!", singt Mark Foster in seinem Lied „Sowieso". Ich sollte mich daran erinnern, täglich zu lachen, auch über mich selbst und meine Pläne; lernen, mein Leben nicht zu ernst zu nehmen. „Das Leben ist ein Theaterstück, eine Daily-Soap und Gott schaut aus dem Himmel zu!", meinte einst mein Freund und Lehrer, bevor er mit einem breiten Lächeln hinzufügte: „Das Leben ist ein Witz, das kann Gott nicht ernst gemeint haben!" – Mit dieser humorvollen Einstellung ist ein gesunder Abstand von meinen Sorgen und damit die Lösung meines Problems überhaupt erst möglich, denke ich! Doch wie kann ich – mit Betonfüßen bis zum Halse tief schon in einer schweren Lebenskrise steckend und langsam versinkend – trotz allem gute Laune haben? Das ist doch aufgesetzt, oder nicht? Natürlich, der Geist ist regelrecht schockiert und motzt: „Das macht man nicht!" Der Körper aber kennt den Unterschied nicht: In die Luft gestreckte Arme, ein Blick hinauf in den Himmel und hochgezogene Mundwinkel sind konditioniert mit guter Laune – ein Glücksgarant!

Nach sechzig Sekunden „Selbstbesch…" (…beschönigung) schüttet der Organismus echte Glückshormone aus und ich fühle mich irgendwie … leichter! Also einfach „immer lächeln und winken", wie die Pinguine von Madagaskar (im gleichnamigen Film) als nachzuahmenden Geheimtipp durchaus zu empfehlen.

Übungen gibt es zuhauf: Eine Komödie oder einen Comedian im Fernsehen sehen; sich an lustige Begebenheiten mit Hilfe des Fotoalbums erinnern; dem eigenen Spiegelbild zulächeln; Witze lesen; auf Youtube nach lachenden Babys fahnden; die für mich härteste Form ist Lach-Yoga: Minutenlang lauthals lachen in einer Gruppe wildfremder Menschen (nicht nur für im Alltags-Einzelkampf jahrzehntelang ausgebildete Pessimisten echt herausfordernd)! Die nachfolgende Übung ist hingegen einfach & fürs Ego ungefährlich. Sie fühlt sich zwar zuerst blöd an, doch in kritischen, ärgerlichen Situationen, fühle ich mich ja ohnehin blöd, also was soll's?!

Ü Übung: „Lächeln & winken"

Es ist ganz einfach, zumindest wenn ich nicht ganz schwere Launen habe: Ich ziehe die Mundwinkel zu einem „gewollten" Lächeln hoch und halte sie gegen das Trägheitsgesetz und entgegen meiner Laune stoisch oben. Ich trainiere mich in einem vollkommenen Grinsen, im Wissen, dass das Streben nach Vollkommenheit manchen Menschen vollkommen unerträglich macht." *(Pear S. Buck)*, aber nach der Erleuchtung folgt die Überbelichtung und die gilt es hier & jetzt anzustreben! Sechzig Sekunden sollten genügen!

Ein Gedanke zur Wiederholung: Je nach Grad meines Schwermutes, sollte ich die Übung 1-59mal pro Stunde wiederholen. In einem Moment, in dem ich wirklich ärgerlich bin, ist es herausfordernder, an diese Übung überhaupt zu denken. Gelingt es mir aber doch zu lächeln, kann ich im Anschluss viel gelassener mit der Situation umgehen. Ich agiere dann, anstatt bloß und vielleicht folgeschwer zu reagieren … und, was auf jeden Fall geschieht: Die Übung hebt mich aus meiner negativen Gedankenkette. Mit etwas Abstand, kann ich mich entscheiden: „Habe ich jetzt Zeit und Lust mich zu ärgern oder möchte ich lieber 21 Uhr damit weitermachen?"
Ein Gedanke zum Ritualisieren: Freilich ist Vorbeugung besser als Nachsorge – präventives Lachen ist eine Minierholung für den Organismus! Ein aufgeklebter Smiley am Schreibtisch könnte mich daran erinnern, den Aktenordner jedes Mal lächelnd wegzustellen; im Auto: Jede rote Ampelphase nutze ich zum „Mundwinkeltraining"!

Die höchste Form des Glücks ist ein Leben mit einem gewissen Grad an Verrücktheit.
(Erasmus von Rotterdamm)

Gib jedem Tag
die Chance,
der schönste
deines Lebens
zu werden!

Mark Twain

Vom Danken

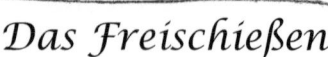

Das Freischießen

Ein Bergmann aus Bockswies, der mühsam sein Brot verdiente, meinte eines Tages, sein Glück beim Freischießen in Goslar zu versuchen.

Wie er die alte Harzstraße hinabkam, sah er an der Hohen Kehl einen alten Mann sitzen. Der hatte noch weniger als er selbst. Weil der Bergmann schon lange gelaufen war, setzte er sich neben den Alten, eine gute Pause zu halten, packte Brot und Speck aus und ließ es sich schmecken. „Alter, möchtest du auch?", fragte der Bergmann schmatzend und teilte gerne, was er bei sich hatte. Als er den Alten so reden hörte, dass er sich kaum mehr auf den Beinen halten, geschweige denn sein Brot selbst verdienen könne, dennoch aber daran glaube, dass der liebe Gott schon genug Glück für ihn bereithielte, da griff der Bergmann in seine Tasche und schenkte dem Greis zwei seiner wenigen Silbertaler. Nein, der Bergmann hatte selbst nicht viel, meinte aber, er wäre wenigstens kräftig genug sich das Notwendige zum Leben selbst zu verdingen.

Der Alte nahm diese Gabe gern, lächelte dankbar und zog ein kleines Fläschlein aus der Tasche und sprach. „Bergmann, wenn du zum Freischießen gehst, gib auf jede der Kugeln drei Tropfen aus dieser Flasche und kein Schuss wird dir fehlgehen. Nach dem Schießen aber, bringst du mir mein Glücksfläschlein wieder!" – Der Bergmann dankte recht artig, zog des Weges und tat, wie ihm geheißen: Drei Tröpflein gab er auf die Gewehrkugel, wettete einen Taler auf einen Schuss, zielte und ... jetzt ward es seltsam, denn die Scheibe kam in seinem Geiste näher und näher, bis sie nur noch eine Armlänge von ihm stand ..., er schoss ... und traf mitten ins Schwarze. Dann schoss er auf eine zweite Scheibe ..., auf eine dritte ..., traf eine jede genau in die Mitte und war bald Sieger des ganzen Turniers. Mit einem satten Gewinn zog er nach Hause, wollte nur vorher an der Hohen Kehl dem Alten dieses sagenhafte Glücksfläschlein wiedergeben und seinen Gewinn mit ihm teilen. „Behalte die Flasche!", sagte der Alte, worauf sich beide voneinander verabschiedeten, nicht ohne einander Glück zu wünschen. Seit diesem Tage, gelang dem Bergmann alles, was er in die Hand nahm, ohne das Glücksfläschlein auch nur ein einziges weiteres Mal zu benutzen. *(aufgeschrieben von Kiehne in „Sagenhafter Nordharz")*

Die Kraft des Eichbergs

Einst gab es in Wernigerode eine Bäuerin, die hatte zu wenig zum Leben, doch zuviel, um sterben zu wollen und wünschte sich zum Glück sehnlichst ein Kind. Denn bekäme sie keines, würde der Bauer sie vielleicht vom Hofe jagen und gegen ein jüngeres und fruchtbareres Weib eintauschen. Ach, die Sorgen grämten sie und ließen ihr bald ein ums andere graue Haar sprießen!

Wie sie einmal aber ihrem Tagwerk nachging, sah sie an einem Hügel, der ganz und gar baumlos war, ein altes Weiblein sitzen. Das war vergnügt und strahlte wie die Sonne und fragte die Bäuerin, welcher Gedanke denn so trüb sei, dass er das Gesicht der jungen und eigentlich schönen Frau in Gewittergrummeln versetzten könne? Da erzählte die Bäuerin ihr Leid und die Alte lauschte, lächelte am Ende und drückte der Jungen einige Eicheln in die Hand: „Für jeden kleinen wundervollen Moment, jeden guten Gedanken an die Zukunft und jede schöne Erinnerung, nimm eine dieser Eicheln und stecke sie in diesem kahlen Berg hier in die Erde." – „Und dann?", fragte die Bäuerin. „Dann atme, lächle und warte!", antwortete die Alte. Und wie die Junge von den Eicheln in ihren Händen aufsah und nach der Anderen sah, war diese wie von Geisterhand verschwunden.

„Nun gut", sagte die Bäuerin, „es kost' ja nichts!" und steckte die erste Eichel für diese wundersame Begegnung in die Erde. Am Ende dieses Tages hatte sie drei weitere Eicheln in den Boden gedrückt. Eine für den lauen Wind, der ihre Haut sanft streichelte; die zweite für die Waldbeeren, die sie fand; und die Letzte für die Umarmung ihres Mannes, der sie (als sie lächelnd nach Hause kam) unendlich schön fand und einfach herzen musste. Am nächsten Tage, waren es schon fünf Eicheln und am darauffolgenden gar zehn. Und nach einer Weile, der hundertste winzige Eichenbaum war aus der Eichel am kahlen Berg gesprossen, da ward der Bäuerin ein Kindlein geschenkt! Und der kahle Berg, der heißt heute der Eichberg, denn hunderte von hundertjährigen Eichen wachsen darauf.

*D*ie Tochter der Bäuerin hatte später keine Eicheln, sondern immer Blumensamen in der Tasche und dort, wo ihr die Erde trist und grau erschien,

streute sie die Samen. Nach einigen Jahren säumten tausend Wiesenblumen links und rechts den Weg, den sie täglich zur Arbeit ging. Vielleicht nennt man deshalb den Weg in Wernigerode heute den Blumenweg!?

*D*ie Enkelin der Bäuerin gar, hatte die Tasche voll von getockneten Erbsen: Für jedes kleine schöne Erlebnis - den ersten Kaffee zum Beispiel, auch für den zweiten und dritten, für jedes Lächeln das man ihr schenkte und jedes liebe Wort, für die Sonne und auch für den Regen - wanderte eine der Erbsen von der linken in ihre rechte Hosentasche. Und jeden Abend, zog sie die gewanderten Erbsen hervor und erfreute sich noch einmal an ihren Erinnerungen. Bis zu ihrem letzten Lebensabend, hatte sie trotz manchem harten Tag, sicher fast so oft gelacht, wie Sterne am Himmel stehen. *(aufgeschrieben siehe ebd.)*

Der lächelnde Straßenkehrer

*B*erndchen, der lächelnde Straßenkehrer Wernigerodes, liebte die Stunden vorm Anbruch des Tages, in denen der Mond sich noch beständig am Himmel festhielt und Wernigerode noch sicher eine Stunde im Tiefschlaf verlebte. Verzückt stand er am Straßenrand, seinen Besen in der Hand, den Karren mit der Nummer "007" in der Nähe und tat, wenn es an der Zeit war, einige Besenstriche. Es war eine lange Straße, die er täglich kehrte, Andere wären daran verzweifelt, aber er tat seine Arbeit gern. Unsagbar langsam freilich, jedoch gründlich. Oft sah man ihn am Bahnhof stehen, mit seiner tropfenden Nase und einem steten Lächeln das auch einem Brockenorkan standgehalten hätte. Dann ging er wieder an die Arbeit, einen Besenstrich, einen Atemzug, einen Schritt – einen Besenstrich, einen Atemzug, ein weiterer Schritt ...! Stehenbleiben und Lächeln. – Manche schenkten ihm ein Taschentuch, um den Tropfen an seiner Nase wegzuwischen. Dann lächelte er einem das Herz warm und der Schenkende fühlte sich wahrlich selbst beschenkt!

Viele hielten Berndchen für dumm. Ich habe aber gehört, er hätte sogar studiert und wäre ein so gescheiter Geist geworden, dass er am Ende überschnappte. Ich meine, er war bis zum letzten Tage weise und nur Wissende erkannten seine Lektion: Einen Besenstrich nach dem anderen – einen Atemzug nach dem anderen – einen Schritt nach dem anderen. Nicht alles auf einmal – nur eines – dann innehalten und lächeln, das ist der Weg des Zen-Buddhismus - ein wunderbarer Weg zum Glück ... und er liebte seinen Weg. Er kehrte ihn täglich, in seinem Tempo, lächelnd, dankbar, ohne, dass es jemals Arbeit für ihn gewesen wäre! *(aufgeschrieben von Carsten Kiehne)*

Lass nie zu,
dass du jemandem
begegnest, der
nicht nach der
Begegnung mit dir
glücklicher ist!

Mutter Teresa

Gedanken zum Danken

Gibst du mir bitte einmal das Salz?", fragte ich letztens am Frühstückstisch und sagte „Danke!" als es mir gereicht wurde. – Wie oft sage ich täglich „Danke" ohne jegliche Emotion, ohne wirklich dankbar zu sein. „Wofür auch danken, das ist doch selbstverständlich!" oder „Wem soll ich denn danken, Gott etwa, davon halt' ich nüscht!", höre ich Leute immer wieder sagen und möchte am liebsten singen: „Danke für diesen guten Morgen, danke für jeden neuen Tag. Danke, dass ich all meine Sorgen auf dich werfen mag. ... Danke, wenn auch dem größten Feinde ich verzeihen kann." – „Nu klar, halt och die andre Wange hin, nüscht iss, Auge um Auge, Zahn um Zahn!" – „Danke für meine Arbeitsstelle ..." – „Nu halt aber die Schnauze und lass mich mit deinem Malochen in Frieden und deine Larifari-Musik kannst'e dir mal ganz gepflegt in den A...-biiip- stecken!" – „Danke für manche Traurigkeiten, danke für jedes gute Wort. Danke, dass deine Hand mich leiten ...!" – „Da, da und nochmal da, hat der Herr im Himmel dir tüchtig eingeschenkt und meine Hand uf deinen Nüschel jeleitet!"

Manchmal habe ich das Gefühl, wir sind umgeben von Fülle und nehmen es kaum mehr war. Vieles ist für uns einfach selbstverständlich geworden. Erst, wenn ich etwas schmerzlich vermisse, jammere ich „Ach, hätt' ich doch ...!" Erst dieser erlebte Mangel lässt mich aufschrecken und einen Moment wach sein. Ein gutes Beispiel ist mein Atem. Er fließt ein und aus, ohne dass ich ihn bewusst steuern muss. Was ist es eine Not, wenn uns die Luft dick wird oder ausbleibt, ich zu viel Wasser schlucke, im dichten Rauch stehe oder eine Atemerkrankung habe. Ist es nicht wundervoll frei durchatmen zu können? Zumindest kurzfristig bin ich dankbar!

Übungen: Dankbar sein

Ein ganz einfaches, ungefährliches Experiment, um schnellstmöglich Dankbarkeit zu erfahren ist Folgendes: Heute faste ich spontan ..., ja, richtig gelesen! Heute entscheide ich mich einmal dafür, nichts zu essen oder zu trinken ... bis diese Übung keinen Spaß mehr macht, ... bis mein Magen knurrt, ... mein Ego die Revolution ausruft, ... ich richtig Hunger und Durst bekomme, ...und bis dann noch eine weitere Stunde vergeht.

Ist es nicht wundervoll achtsam, frisches Quellwasser zu trinken und z. Bsp. einen Apfel in der Hand zu fühlen, zu riechen, einen Bissen in den Mund zu nehmen, zu schmecken, langsam zu kauen, die Frische zu spüren. Dankbarkeit entsteht oft erst, nachdem ich Mangel litt und diese Not nun ausgleichen kann. Aber, wer kennt von uns heute noch wirklichen Durst und richtigen Hunger?

_____

_____

_____

Dankbarkeit ist für mich ein Allheilmittel gegen Ängste & Sorgen. Wenn ich dankbar bin, „lebe ich in Fülle, trotz vieler unerfüllter Wünsche" (Dietrich Bonhoeffer) ... und es kostet nichts, verändert aber gleichzeitig einfach alles! Dankbarkeit gibt dem Leben Leichtigkeit und Humor, Gelassenheit und inneren Frieden" (Anselm Grün), also letzten Endes Lebensglück. „Nicht die Glücklichen sind dankbar, es sind die Dankbaren, die glücklich sind." (Franchis Bacon)

Vielleicht wollen wir drei Stufen der Dankbarkeit unterscheiden:

1. Ich danke für alle Dinge, die ich bereits habe; die um mich sind!

(Ü) „Im Grunde sind es doch die Verbindungen mit Menschen, die dem Leben seinen Wert geben!" (Wilhelm von Humboldt) - Für welchen Lieblingsmenschen (Freund, Familienmitglied, Lehrer oder Idol) bin ich von Herzen dankbar? Was hat er für mich getan? Wie kann ich diesem Menschen „Danke" sagen, vielleicht durch einen Brief?

_____

_____

(Ü) Was wünsche ich dem Lieblingsmenschen? (Wissend, dass nach dem Resonanzgesetz alles, was ich anderen wünsche, auch mir zufließt!) „Das Geheimnis des Glücks liegt nicht im Besitz, sondern im Geben. Wer andere glücklich macht, wird glücklich." (Andre Gide)

_____

_____

(Ü) Welcher wenig Bekannte oder Fremde Mensch hat mir heute schon etwas Gutes getan?

_____

_____

118

$Ü$ Was kann ich heute Gutes tun? Welchem Fremden könnte ich heute & womit ein Lächeln aufs Gesicht zaubern? „Wir werden nie wissen, wie viel Gutes ein Lächeln vollbringen kann!", sagte Mutter Teresa einst. Wie kann & möchte ich heute helfen, Dankbarkeit zu mehren?

$Ü$ Welche Schätze hält Mutter Erde für mich bereit? Was ist mein Lieblingsort? Kann ich ihn mir bildlich vorstellen? Ein Bild davon, im Büro oder anderswo aufgestellt, erinnert mich im Alltag an die Schönheit dieser Welt! Der buddhistische Mönch Thich Nhat Hanh, beschrieb dieses Wunder im Buch: „Liebesbrief an diese Erde".

$Ü$ Wofür bin ich noch dankbar? Für Nahrung, Bekleidung und andere Konsum- sowie Luxusgüter? Wenn ich durch große Warenhäuser gehe, bin ich vor allem dafür dankbar, dass ich so Weniges davon bedarf! „Reich wird man erst durch Dinge, die man nicht begehrt.", sagt Gandhi & betont, wie der Märchenerzähler Ludwig Bechstein: „Dem Unersättlichen in jeglichem Genuss wird selbst das Glück zum Überdruss!" – Ebenso stellt der Film „100 Dinge" eindrückliche Fragen: „Was brauche ich wirklich? Was macht mich glücklich?"

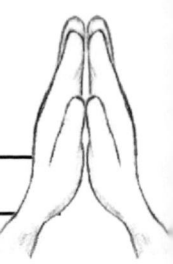

_____

_____

 Wenn ich mich von der Welt beschenkt fühle, kommt in mir selbstverständlich die Frage auf, was ich ihr zurückgeben kann? (Strom & Wasser sparen, weniger Fleisch essen, gebrauchte Dinge kaufen, weniger Müll produzieren oder Müll aufsammeln, einen Baum pflanzen, einen Ort mittels „Landart" schön machen etc.) Was ist mein persönlicher Weg, Mutter Erde zu ehren?

_____

_____

 Kann ich Dankbarkeit für mein Land empfinden, für die Krankenabsicherung, die soziale Absicherung, das Grundgesetz, meine Rechte und Freiheiten ...?

_____

_____

 Vielleicht bin ich dankbar für meine Gesundheit, meine Stärken, Ressourcen, positiven Eigenschaften; für meine Berufung ... für all das, was ich aus meinen Veranlagungen und Fähigkeiten mache; für höhere Werte; für etwas, das meinem Leben Sinn gibt; für mein Gefühl, selbst etwas bewegen zu können (Selbstwirksamkeit), für meine Freiheit und einen starken Glauben? Finde ich zu jedem Buchstaben meines Namens, etwas wofür ich dankbar bin?

2. Ich danke im Voraus & vertraue!

Ich erschaffe mir sozusagen meine Geschenke selbst, indem ich mir täglich vorstelle, wer ich sein, womit ich mein Geld verdienen und wo ich leben möchte! Es reicht, mir immer wieder vorzustellen, welchen Umgang der Menschen untereinander ich mir wünsche ... die Energie, die ich mit meinem Danken in die Welt bringe, wird einerseits mich verändern und sich im Außen materialisieren!

 ## 3. Erkennen, dass in Allem ein Segen steckt!

Ein guter Freund hatte einen schlimmen Unfall, ist nur knapp dem Tod von der Schippe gesprungen. Dadurch aber hat er erkannt, wie zerbrechlich das Leben ist. Dieses „zweite" Leben betrachtet er als Geschenk und ist für jeden Tag dankbar! Auch herausfordernde Menschen (Energievampire, Egoisten, Versicherungsvertreter, Nachbarn, Ex-Partner oder Familienmitglieder – jene, die uns verletzten oder uns zur Weißglut bringen – vereinfacht und zusammengefasst „Arschengel" können ein Segen sein. „Ein Arschengel ist in Wirklichkeit ein Geschenk!", meint der Autor & Coach Robert Betz, „Erst wenn du das erkennst, fällt der Arsch ab & der Engel bleibt übrig. Oftmals brauchen wir Menschen, die unsere Knöpfe drücken, [damit wir unsere Schattenseite erkennen & ausheilen], darum nennt man sie Knöpfedrücker, aber das ist nicht so sexy, wie Arschengel!"

Wer fällt mir beim Thema „Arschengel" ein? Welche Situation hat mir weh getan/was hat mich geärgert? Was habe ich dadurch gelernt? Welche Türen öffnen sich dadurch für mich? Kann ich mich in Gedanken diesem Menschen gegenüberstellen, ihm in die Augen sehen & aus tiefsten Herzen „Danke" sagen? Was geschieht in mir?

Von Hoch-Zeiten
Vom Geben & Bekommen

Die Krell'sche Schmiede

Spöttisch und auch mit einem Maß an Missgunst, begafften die Altvorderen den jungen Schmied, der von irgendwoher in die Stadt gezogen war. Seltsam kleidete sich dieser Michel Krell und gar merkwürdig sprach er, dieser Schwabe.

Freundlich war Krell zwar immer, doch damals wohnte Argwohn in den Herzen der Harzer, seitdem der Teufel in allerhand Gestalt versucht hatte, in die Stadt zu kommen …! In jener Zeit – in der draußen der Krieg tobte, Hunger und Not an der Tagesordnung waren und überall die Hexen feixten, hatten diese Truden doch den schwarzen Tod schon viel zu nah an die Stadtmauern Wernigerodes herangebracht – beäugte man jeden Fremden misstrauisch. In einem Hinterhof hatte sich der Krell eine kleine Schmiede eingerichtet und über Nacht unfreiwillig Besuch bekommen. Die Zwerge, die man von der Harburg und aus dem „Klaren Loche" vertrieb, waren bei vielen Alt-Wernigerödern vorstellig geworden und hatten um eine Bleibe gebeten, wurden aber abgewiesen. Erst Jener, der wie sie nicht willkommen war, gewährte Ihnen das Gastrecht, das man an solch bitterkalten Tagen niemandem abschlägt. Und siehe da, die Zwerge entpuppten sich als wahre Helfer, waren sie doch selber Meister der Schmiedekunst und Herren über Stein und Metall. Bald hatte Krell eine solche Fertigkeit von ihnen erlernt, dass jeder Gutsherr, selbst der Graf zum hohen Schlosse, Krellsches Eisen über jedes andere stellte. So kam es denn, dass Michel Krell 1645 nicht nur das Bürgerrecht bekam, sondern sich 1678 in der Neustadt die „Krell'sche Schmiede" errichten konnte. Trotz des neuen Ansehens durch seine Kunst, behielt er ein gutes Herz und hilfreiche Hände.

In einer Winternacht, in der draußen furchtbare Winde wüteten, klopfte es dreimal ans große Tor der Krell'schen Schmiede. Krell pellte sich aus seinen Decken, öffnete die Tür und sah vor sich einen gespenstischen Reiter auf einem riesigen Knochenross sitzen. Rot blitzende Augen schauten aus einem Gugel auf den Schmied herab … und einige Zeit war es still. Da der Reiter in Krell keine Angst witterte, streckte er seinen bleichen Zeigefinger zum linken Vorderhuf seines schnaubenden Rosses aus und der Schmied sah gleich, dass das Hufeisen fehlte. Krell verbeugte sich kurz, eilte in seine Werkstatt und kam prompt mit Hammer und Nägeln und einem passenden Eisen zum Reiter zurück, das Pferd zu beschlagen. Weißer Qualm dampfte aus den Nüstern des Tieres und hüllte den Schmied in eisige Verdammnis. Den aber scherte alles wenig, er tat halt, was getan werden musste. Wie der Reiter feststellte, das kunstvoll gefertigte Zwergnägel nun dafür sorgen würden, das dieses neue Hufeisen ewig hält, da gewährte er dem Schmied einen Wunsch, mahnte ihn aber, es solle schon das Beste sein! „Das Beste?", lachte Krell munter und gab dem Ross einen Klaps, „Dann hätt'sch jern eine immer volle Flasche Schnaps!" – Der Reiter musterte den Schmied aufmerksam, nahm dann schweigend aus einem großen Sack, der auf dem Rücken des Pferdes lag, einen Tonkrug, übergab ihn und verschwand grußlos hinter einer dichten Nebelwand.

Im Tonkrug war ein Gesöff aus erlesensten Kräutern, die dafür sorgten, dass der Krell nicht zu altern schien, denn selbst Gevatter Tod konnte sich ihm nicht auf drei Schritte nähern. Auch mit fast hundert Jahren, schlug er den Hammer noch aufs Eisen, als ob es darum ging, die Welt neu zu formen. Bald schon, sprach sich herum, wie weise der Schmied wäre und, dass er das Böse und alle angehexten Krankheiten bannen könne. So sollte er, wenn er montags vor Arbeitsbeginn drei Hammerschläge auf den Amboss tat, den Teufel für eine Woche vertreiben können. Sprach er den Namen eines Kranken in ein Eisen, erhitzte er's und tat drei Schläge im Namen des Herrn darauf, so drosch er die Krankheit auch aus dem Leib heraus. Ein krankes Kind legte er vorm Sonnenaufgang der Sommer- oder Wintersonnenwende auf seinen Amboss, führte seinen Hammer dreimal über dessen Körper und von Stunde an, war's ganz gesund. Schon Krells Schmiedelöschwasser tat heilende Wunder. Dafür musste man es nur sonntags während der Predigt aus der Schmiede holen, damit die Kranken besprengen und ein Heilsgebet aufsagen. Ob es noch heute wirkt, kann ich nicht sagen.

Ich weiß nur, was andere erzählten: Als Krell des Lebens endlich müde wurde, hat er das Lebenselexier an seinen besten Freund weitergegeben, der wiederum an seinen Sohn und so weiter und so fort, bis ein Willy Drube, bekannter Apotheker des „Roten Fingerhuts" zu Schierke, den Tonkrug in die Hand bekam und aus dem Gesöff den heute bekannten „Schierker Feuerstein" destillierte. Heute ist die Krell'sche Schmiede ein Museum, in der man selbst Hand anlegen kann, weiß doch jedes Kind, dass „Jeder seines eigenen Glückes Schmied" ist! *(dem Volke abgelauscht & aufgeschrieben)*

Am Grunde des Rädersees

*I*n Rodishain lebte einst eine Wöchnerin, eine Hebamme, die bei den Menschen gleichsam beliebt, doch auch als Hexe gefürchtet war. Freilich, verstand sie sich doch auf die Kunst, mit Tieren und Pflanzen zu sprechen, den Winden manch Geheimnis abzulauschen und die Sterne zu deuten. Eines Tages, mitten in einer mondlosen, stürmischen Nacht, klopfte es an ihre

Türe. Es klopfte noch einmal und, wie sie beim dritten, nunmehr lautem Hämmern an die Pforte endlich munter ward und zur Türe eilte, da stand im Flur bereits eine große Pfütze. Wasser, das sich von der Türe in die Lehmhütte zu schieben schien. Wie sie die Pforte aufmachte, wartete vor der Türe, mit silbern schillernder Schuppenhaut, langem mondhellen Haar, ein Nixlein, dessen Gesicht so schön es war und doch die größte Not verriet: „Kommt, Menschenfrau, kommt rasch, zum Rädersee! Der König schickt nach euch!", sagte sie hastig und griff mit eiskalter Hand nach der Menschin, sie mit hastigen Schritten dem grundlosen See zuzuführen. Böse Geister sollen darin wohnen, munkelten die Leute aus Rodishain, weshalb sich niemand in seine Nähe wagte.

Es gruselte der Wöchnerin schon, doch wie sie in sich nachlauschte, sprach ihr Herz von sternenschönem Mitgefühl. So gab sie sich der spiegelglatten Wasserfläche hin, ließ sich von dem schwarzkalten Nass verschlucken, sank immer tiefer und konnte zu ihrem Erstaunen unten atmen. Die weltentiefen Augen der Nixe sprachen Mut zu und verrieten pure Dankbarkeit. Dem Wasserwesen perlten nämlich Tränen aus blankem Silber aus den Augen, tropften in die Tiefe und wiesen lichtern den Weg zum Grund hin. Dort war ein Schloss, die Gänge und Räume ganz aus Korallen gewachsen und aus Algen gewoben. Inmitten des Thronsaals, stand ein Altar, vor dem sich eine tausendschöne Nixe auf dem Boden windend in überwältigendem Schmerze krümmte. Der Nixenkönig hielt ihre Hand, weinte ohnmächtig, still … nur um das heilende Tönen seines Volkes, das zu Hunderten herbeigekommen war, das Leid ihrer Königin zu lindern, nicht zu stören. Wie er die Wöchnerin sah, hieß er sie, mutig heranzueilen, vertraute er doch ganz der Kunst der Menschin. Minuten, die wie Jahre zäh unendlich schienen,

vergingen … im Wehklagen der sich ringelnden Nixenkönigin … bis endlich ein Schrei der Erleichterung und ein Licht vom Altar ausging und Allen das Herz vor Freude überquoll.

Wie der König das neugeborene Kindlein auf dem Arme wiegte, sich mit einem Kuss vom Wohl seiner Liebsten überzeugte, wandte er sich der Menschin zu und sprach: „Hab Dank, tausend Dank", und der Wöchnerin floss dabei eine Liebe zu, die sie bei den Menschen selten spürte, „Einen Wunsch hast du frei, wähle ihn mit Bedacht!" - „So segne ich dein Kind mit meinem Wunsch!", sagte sie, „Möge es stets glücklich sein!" – Mit diesem Gefühl erwachte die Frau plötzlich vom Weckerklingeln in ihrer Hütte, der Morgen war gerade dabei warm und sonnenhell anzubrechen. Hatte sie bloß geträumt? Rasch zog sie sich an, eilte zum Rädersee, blickte still, noch halb verträumt, auf die sich kräuselnden Wellen, die ihr verhießen: „Tausend Dank!" Von diesem Tage an, strahlte über der Wöchnerin ein Glücksstern und alles, was sie anpackte, gelang ihr spielend.

Der Raubgraf vom Regenstein

*D*er Graf vom Regenstein hatte einst die schöne Jungfrau der Heimburg gefangen und ins schauerliche Verlies geworfen, weil sie gar nicht daran dachte, sein Weib werden zu wollen. Die harte Behandlung der Gefangenschaft, sollte helfen, ihr Herz zu erweichen. Umsonst hatte der Raubgraf versucht, ihre Liebe zu gewinnen. Nun quälte und peinigte er sie, gab ihr nur das Nötigste, um sie am Leben zu halten und bald ihren Willen zu brechen. Nach und nach vergingen ihr die Kräfte, sie magerte ab und saß zuletzt in Lumpen auf dem eiskalten, steinigen Boden des Kerkers. Sie war wahrlich kurz davor, sich zu beugen, weinte und beschloss, zur heiligen Jungfrau zu beten: „Bitte weise mir einen Weg aus dem Gefängnis oder hole mich zu dir in den Himmel!" Und, wie sie Amen sagte, begann plötzlich ein großer Sturm um den Regenstein zu brausen.

Tief in ihrem Kerker sitzend, der kein Licht und keinen Wind von außen hereinließ, hörte die Jungfrau der Heimburg doch, die Antwort ihres Gebets. Wie dick konnte die Wand aus Sandstein schon sein, wenn sie den Sturm dort draußen vernahm? Sie wollte es versuchen, sich durch die Sandsteinmauern zu kratzen. Zwar hatte sie kein Werkzeug im Loch, doch besaß sie den diamantenen Ring, ein Geschenk des Verlobten, mit dem sie ihre Arbeit begann: Sie schabte mit ihrem Ring an dem Felsen und sah mit großer Freue, dass der Stein mürbe und bröckelig war und ihrem Sinnen fast von selbst nachgab. Tag und Nacht, ein ganzes langes Jahr, arbeitete sie ununterbrochen und endlich entstand eine Öffnung so groß, dass sie hindurchsehen konnte. Nach dieser langen Zeit, sah sie wieder die Wunder der Welt: Den blauen Himmel, die goldene Sonne, grüne Bäume … und atmete die köstliche, frische Luft. Noch eifriger als zuvor kratzte sie ein Loch, groß genug, sich hindurchzudrängen, aber oh weh: Als sie hinaustrat, sah sie die tiefe Schlucht zu ihren Füßen. Schwindelerregend und furchtbar gähnte ihr die Tiefe des Abgrunds entgegen. Beinahe wäre sie im Kerker geblieben, doch welcher elende Tod, hätte sie darin erwartet? Nein, sie musste es versuchen und zögerte nicht: Mit aufgeschürften Fingern und blutenden Füßen, kletterte sie tiefer und immer tiefer hinab.

Fürwahr, sie stand unterm Schutz der heiligen Jungfrau, denn bald war das Unmögliche vollbracht. Am Boden angelangt, erhellte die aufgehende Sonne den Weg zu ihren Eltern die auf Heimburg nach so langer Zeit noch immer in Trauer waren. Erst jetzt erfuhren sie, wer der Entführer ihres geliebten Kindes gewesen und sammelten eiligst Reisige, um gegen den Regenstein zu ziehen.

Geraume Zeit widerstand die Feste dem Ansturm, bis der Raubgraf endlich einer List erlag: Die verhassten Feinde der Heimburg hatten sich zurückgezogen, worauf der Graf spottete, man könne die Mauern seines Regensteins im Kampfe niemals überrennen. Aushungern wäre die einzige Option, ihn in die Knie zu zwingen, was er nun befürchtete. Rasch sandte er seine Mannen in die umliegenden Orte, in der sicher nur kurz währenden Waffenruhe, Lebensmittel heranzuschaffen. – Wenig später polterten zehn, zwanzig, dreißig Wagen, bis unter die Planen beladen mit dem Köstlichsten, was der Gau zu bieten hatte. Wie man aber die Tore öffnete und die Wagen in die Feste ließ, sprangen aus allen Wagen Reisige hervor. Auch die Bauern rissen sich Kittel und Kapuzen vom Leibe, hatten alle einen Harnisch drunter und plötzlich stand die ganze Feste voll von Waffenbrüdern, der Jungfrauen Unrecht zu vergelten. Nur wenig konnten die Regensteiner Wachen dieser Entschlossenheit entgegensetzen. Aller Widerstand war unmöglich, das sah auch der Raubgraf ein und suchte nun heimlich zu entkommen. Aber wie nur? Weil alle Ausgänge vom Feinde besetzt waren, knüpfte er rasch aus Betttüchern ein Seil, ließ sich an der steilsten Seite des Felsens hinunter, entkam damit zwar dem Tode, nimmer aber seinem unglücklichen Schicksal.

Drei Tage darauf ließ ein goldener Morgen die Menschen selig erwachen: Heute soll Hochzeit sein! Auf dem höchsten Turm des Regensteins stand die Jungfrau mit dem Liebsten, der ihr einst den diamantenen Ring geschenkt, umschlungen in einer wundervollen Ewigkeit. Beide sahen, wie die Dunkelheit dem lichtvollen Farbenmeer wich. Am Abend dieses Tages würden sie auf ewig verbunden, gekrönt sein und Regenstein von den Eroberern als Geschenk erhalten! *(aus dem Blankenburger Sagenschatz)*

Gedanken zur Hoch-Zeit

*U*nd, wenn sie nicht gestorben sind, dann leben sie noch heute!" Märchen enden meist mit der Hochzeit & der Aussicht auf einer vollkommen seligen Ewigkeit. Bei vielen Sagen, außer bei „Hohen Geschichten", ist es oft anders. Solche Sagen, wie von der Prinzessin Ilse, der Brunhilde, oder der Jungfrau vom Regenstein geht es oft um das Schenken & Beschenkt werden, nicht unbedingt um eine Vermählung, aber um eine Hoch-Zeit, einem vollkommenen, reich machenden Moment.

Sagen kennen viele Hoch-Zeiten: Ein großes Fest womöglich, das Beschließen einer ewigen Freundschaft oder die Geburt eines Kindes. Erst seit wenigen hundert Jahren steht das Wort „Hoch-Zeit" ausschließlich für die Eheschließung zweier Liebenden. Einst ging es um einen solch selig machenden Augenblick, zu dem Goethes Faust sagen würde: „Verbleibe doch, du bist so schön!" Ich kenne diese Momente, in denen ich mich unendlich an das große Ganze angebunden fühle. Manche Lieblingsmenschen helfen mir dabei, diesem Gefühl näherzukommen, manche Kraftorte im Harz tun es und auch all die Erinnerungen, in denen „mein Herz überschwappt", wie es Herbert Grönemeyer in seinem Lied Sekundenglück besingt! „Glücklich allein ist die Seele die liebt!", betont J. W. von Goethe, woraus ich schlussfolgern könnte, dass sich ein bewusster Mensch sich selbst & der Welt gegenüber verpflichtet sehen „dürfte", glücklich zu sein. Nur der Glückliche kann wirklich glücklich machen oder belastet zumindest nicht, an den Umständen leidend, sein Umfeld. Wie aber gelingt es, aus mir selbst heraus glücklich zu sein, wenn ich meinen Seelenpartner eben noch nicht gefunden habe? Was ist mit all den schweren Momenten? Wie bleibe ich hier in meiner Kraft?

Wöchentlich Hoch-Zeit feiern

Sicherlich kennt jeder das Mitfiebern z.B. beim Filmgucken. Dann bin ich ganz gebannt, habe wirklich Angst, weine bittere Tränen oder lache vollen Herzens, weil ich als Mensch empathisch bin. Buddhisten üben in der Metta-Meditation ihre Mitfreude, ihr Mitgefühl. Mitzufühlen, gelingt mir auch durch Bücher: Der Held & ich sind eins, seine Tragödien & Höhepunkte verwandeln sich zu meinen eigenen Geschichten. Auch Sagen & Märchen können Heilimpulse in Gang setzen, dafür ist lediglich die Frage: Welche Sage berührt mich?

Gelingt es mir, mich ganz in die Hochzeit der Jungfrau vom Regenstein einzufühlen, sehe ich mich vorm inneren Auge auf dem Felsen (… oder einem anderen Lieblingsort meiner Wahl!!!) mit meinem (wenn auch imaginären) Liebsten stehen, dann schüttet mein Körper wirklich Glückshormone aus. Dabei ist nicht von Belang, ob es eine wirkliche Erinnerung oder ein phantasiertes Bild ist: Auf mein Herz wirkt beides gleich heilsam. Darum kann ich mir vorstellen, dass in eben jenem Moment die Sonne orangerot überm Horizont aufgeht, ich meinem Gegenüber tief in die Augen blicke, seine Liebe spüre, einen Kuss gebe und ihn gleichsam geschenkt bekomme. Ich fühle, wie mein Körper vor Freude erzittert, mein Geist still wird & mein Herz vor Freude überquillt. Nicht anderes bedarf es hier & jetzt, das nur davon gekrönt wird, dass mir ein Ring an den Finger gesteckt & eine Krone aufs Haupt gesetzt wird. Wie schmeckt der Kuss &, wie fühlt es sich an, die Krone auf dem Kopf durch den Alltag zu tragen?

Natürlich kann ich auf jedes andere Bild einer hohen Geschichte meditieren, am besten wöchentlich, z.B. freitags. (Am Freitag freiten sich einst im Freien die Verliebten, zu Ehren der germanischen Göttin Freya, um in dieser segenvollen Verbindung frei zu sein!)

Eine geeignete Stelle, um mich unter die Krone zu malen, oder mein Foto darunter zu kleben! 😊

GLÜCK IST LIEBE, nichts anderes.

WER LIEBEN KANN IST GLÜCKLICH!

Hermann Hesse

Ausblick

„… fest verwurzelt stehe ich auf diesem Felsen, hoch über der Bode, die zweihundert Meter unter mir in ihrem tiefen Bachbett strömt. Ein Rinnsal von hier oben, doch gleichsam eine unaufhaltsame Kraft, die es vermochte, sich in zigtausend Jahren ihren Weg durch den harten Granit zu graben. Ich habe noch nie das Wasser sagen hören: „Och, es ist so schwer, immer wieder gegen diesen Stein anzukämpfen. Menno, mein Leben ist so unfair, immer dieses mühsame Strömen!" Es ist einfach im Fluss, sucht sich seinen Weg, fließt seinen ewigen Kreislauf. Und ich stehe hier, schau in die Ferne, spüre den Wind auf meiner Haut und trinke diese Frische in mich hinein. Ich fühle mich frei, wie der Vogel, der sich über mir, scheinbar in purer Lebenslust ins Tal hinabwirft, um gleich danach wieder auf meiner Höhe zu schweben, sich von den Aufwinden tragen zu lassen! Oh, alles beginnt mit dem Mut, sich den Aufbruch in neue Welten zu wagen, sich freudig ins Leben hinein zu werfen. Auch der längste Weg beginnt mit dem ersten Schritt!"

*Ü*bers Bodetal auf den Felsen der Rosstrappe schauend, erinnere ich mich gerne an die Sage der Rosstrappe vom Anfang dieses Büchleins, in der das ganze Abenteuer des Glücklichwerdens in unglaublich vielen Facetten verborgen liegt. Ich frage mich, wie es der Heldin Brunhilde wohl ging: Eben noch glücklich verleibt und jetzt soll sie eine Zwangsehe eingehen, um einen Krieg zu verhindern. Was tut sie, fügt sie sich den Umständen, ergibt sie sich, leidet sie? In der Sage hören wir mehrfach „Ja". Der Vater sagt zum König Bodo: „Ja, du bekommst sie!", womit wir wissen, Bodo hat sich zuallererst für sie entschieden, „Ja" zu Brunhilde gesagt und auch sie sagt (wenn auch nur zum Anschein) „Ja" zu ihm. Oh Gott, wenn ich mir vorstelle, sie hätte an dieser Stelle „Nein" zu ihm gesagt: Es hätte Kampf bedeutet. Brunhilde geht erst einmal darauf ein, lässt es zu, dass sie die Dinge entwickeln, gibt Raum & Zeit, weil sie scheinbar weiß, dass sie aus einer anderen Perspektive heraus, kraftvoller handeln kann.

Eben das ist der Unterschied zu allen Leidenden, die sich als Opfer ihrer Umstände wähnen. Brunhilde baut sich aus den Steinen, die in ihrem Weg liegen ein Haus, am Ende sogar ein Schloss: Sie macht sich auf den Weg, folgt ihrem Herzen, reitet schließlich zu ihrem Liebsten und sagt damit wieder „Ja", nämlich zu sich selbst. Natürlich hat sie eine Krone auf, die ihres Vaters, sie ist ja auch ganz in ihrer Kraft! Selbst als Brunhilde bemerkt, dass Bodo ihr folgt, aufholt und sie den tragischen Fehler begeht, den falschen Hügel hochzureiten, gibt sie nicht auf. Gerader dieser Irrweg stellt sich am Ende als ihre Rettung dar – ihr Glück im Unglück! Im Angesicht des Todes springt sie mutig ins Ungewisse. Den Sagenhelden mit reinem Herzen gelingt stets das Undenkbare: Ihr glückt der Sprung! Wie dankbar muss sie gewesen sein?

Es kostet nichts dankbar zu sein, doch es ändert einfach alles!

Dankbarkeit, die Freude zu atmen & zu sein, das Leben zu bejahen, ist eine der größten Kräfte des Menschseins! Bin ich dankbar, habe ich mit mir und meinen Lebensumständen Frieden geschlossen, verpulvere meine Energie nicht mehr im Kampf gegen mein Gegenüber, das doch nur Spiegelbild meines Selbst ist! Verantwortlich für alles, was mich umgibt – meine derzeitige Ernte – bin ich. Erlaube ich mir das einzugestehen, komme ich wieder ganz in meine Kraft! Dann habe ich verstanden, dass ich Teil eines von mir konstruierten Theaterstücks bin, womit ich mich auch entscheiden kann, mein Lebens-Programm einfach umzuschalten, nicht mehr die Tragödie zu wählen, sondern ...! Xavier Naidoo singt: „Bitte hör nicht auf zu träumen, von einer besseren Welt, fangen wir an aufzuräumen, bau sie auf, wie sie dir gefällt!" Doch bleibt die Frage, was ich anstrebe!?

1. Ich kann nur ankommen, wenn ich weiß, wohin ich will! Was will ich erreichen? Dieses Bild male ich mir in den schönsten Farben aus & sehe den Erfolg (wie im Film) deutlich vorm inneren Auge!
2. Ich danke (mir selbst, der Urquelle oder Gott) für das Erreichte; bin im Hier & Jetzt vollkommen in der Energie, die ich in Zukunft vermehrt ins Leben rufe möchte & lasse mich davon berühren!
3. Ich strecke meine Hände gen Himmel, fühle, wie es mich durchströmt; wie alle „Wünsche ans Universum" sich in eben jener Sekunde verwirklichen; ziehe die Hände schwungvoll zum Körper herab und sage: „Ja, jaa, jaaa!!!"   Und Punkt.

Bei der „Arbeit" an ihrem Glück wünschen wir ihnen von Herzen Freude!

Ihre Manuela Petri & ihr Carsten Kiehne

GLÜCKs Schule

Suchworträtsel:

Welche Glücksbringer findest du?

E	K	L	E	E	B	L	A	T	T
P	A	F	F	E	L	R	A	D	H
P	M	D	W	N	E	E	F	U	F
U	I	A	U	D	T	F	F	M	A
N	N	R	E	L	S	E	S	A	T
H	K	U	R	O	I	A	C	N	I
C	E	M	F	S	M	K	H	E	M
S	H	A	E	K	Z	N	W	K	A
N	R	N	L	N	L	E	E	I	S
R	E	N	O	O	I	I	I	N	H
E	R	R	A	T	P	R	N	E	A
T	L	O	R	E	L	A	T	K	N
S	A	H	D	N	O	M	I	O	D

Übung: Glücksbringer

Ein Glücksbringer ist zumeist ein Gegnstand, ein Talisman oder ein Amulett, das uns Glück, Gesundheit & Wohlstand bringen bzw. Unglück von uns fernhalten soll. In dem Suchworträtsel sind zig Glücksbringer unterschiedlichster Kulturen versteckt. Spannend finde ich, weshalb wir uns seit vielen hundert Jahren z.B. über ein Schwein, Fliegenpilz oder Schornsteinfeger als Glückssymbol freuen?!

Sehr wirkungsvoll sind selbst angefertigte & damit individuelle Glücksbringer.: Ein Runenstab aus einem Haselzweig, ein gefunder & bemalter, herzförmigen Stein bzw. eine selbstgebaute Mala (Gebetskette). - Wir schlagen das Ritual nicht vor, weil wir altem Aberglauben anhängen! Für uns sind solche Utensilien eher …

GLÜCKS–ERINNERER

Achtsam angefertigt & oft liebevoll in der Hand gehalten oder bedacht, erinnert uns der Gegenstand daran, zu lächeln oder dankbar zu sein – ein Ritual, das an Kraft gewinnt, je öfter wir es praktizieren!

141

Exkurs Glückssymbole

Was macht den Fliegenpilz zum Glückspilz?

So, wie ich es derzeit sehe (was heißen soll, dass dieser Exkurs nicht auf wissenschaftlichen oder geschichtlich fundierten Lehrmeinungen beruht), gilt der Fliegenpilz sowohl aufgrund der vielfältigen Verwendungsmöglichkeiten, als auch seines Aussehens wegen als Glückspilz! Zum Einen soll die getrocknete Pilzhaut in Milch aufgekocht Fliegen anziehen & töten. Fliegen, Mücken und anderes lästige Fluggetier galten damals schon als Ausgeburten des Teufels. „Der Feind meines Feindes ist mein Freund", heißt es. Was gegen den Teufel & seine Helfer hilft, ist also gut für mich!

Hagedisen, germanische Priesterinnen, die in die Sagenwelt später als Hexen bezeichnet wurden, nutzten eine Salbe aus Fliegenpilz & anderen Nachtschattengewächsen, um ihre Flugsalbe herzustellen. Damit berauschten sie sich und vermochten es wohl in die Zukunft zu sehen. Solche Weissagungen machten das unsichere Leben unserer Ahnen berechenbarer. Auch das normale Volk berauschte sich gern, um sich in ausgelassenen Ritualen den Göttern näher zu fühlen, sorglos, glücklich und frei zu sein. Solche hohen Feste waren freie Tage & Freizeit macht mich noch heute glücklich! ☺ – Stand ein Krieg bevor, wollte der Kämpfer angstlos in die Schlacht gehen, wild „wie ein Berserker" kämpfen & möglichst schmerzlos sein, das vollbringt der Fliegenpilz, der von der Seite her betrachtet, Ähnlichkeiten mit Thors Hammer aufweist. Zuletzt seine Farbe: Rot & weiß – die wichtigsten Ritualfarben jeder Kultur, Symbol von der Vereinigung von Mann & Frau, mehr dazu aber in unseren Workshops!

Bei Interesse schauen sie gerne regelmäßig auf
www.sagenhafter-harz.com

Auswahl der Sagenbücher von

Sagenh. Südharz

Die 100 schönsten Sagen & Märchen von Stolberg & der Goldenen Aue (20,-€)

Sagenh. Nordharz

Die schönsten 100 Sagen & Märchen von Goslar bis Wernigerode (20,- €)

Sagen. Südwestharz

Die schönsten Sagen aus Bad Sachsa, Lauterberg, Herzberg & Osterode (20,- €)

Kräutersagen

Über 70 Kräutersagen mit altüberl. Ideen zur Heilanwendung & Rezepten (19,99- €)

Sagensammler

Portrait der 30 bekanntesten Harzer Sagensammler aus 250 Jahren (13,90,- €)

Die bekanntesten…

30 Sagen aus dem Ostharz & ihre geheime Bedeutung/ ihr tiefer Sinn (13,90-€)

 Auch auf facbook & youtube!

Dankes- & Sponsorenliste

Familie Gräbner- Fewos in Schierke -
www.hochharz-schierke.de

*Thomas & Kathleen Wawrik
aus Schwanebeck*

Michael Kiehne - Kältedienst Ostharz

Ulla Trunk aus Meiningen   Reiki-im-Harz

Klangraum Karuna

in der Villa Lichtgrotte

Wir danken allen Helfern & Sponsoren dieses Buches, die nicht explizit genannt werden wollen! Ein herzliches Dankeschön auch an Jene, die uns auf unserem Lebensweg stets gefördert & gefordert haben; die an uns glaub(t)en; uns ermutigten, „Licht in die Welt zu bringen"; mit denen wir erlebten, dass „Regentage" „auch schön" sind. Dank hier auch den Grummelbacken, die uns dazu einluden, beständig unserem Weg zu folgen! ☺

Tausend Dank,
Manuela & Carsten

ERZÄHLWERKSTATT BRAUNSCHWEIG e.V.
Hopfenkamp 6 • 38124 Braunschweig
0531-2601126 • post@erzaehlwerkstatt-bs.de